성서에서 만나는 다문화 이야기
다름으로 일구는 하나님나라

김혜란 최은영 지음

성서에서 만나는 다문화 이야기

지은이	김혜란 최은영
초판발행	2013년 1월 7일
펴낸이	배용하
책임편집	박민서
책임교열	이준용
삽화	몽실언니
등록	제364-2008-000013호
펴낸곳	도서출판 대장간
	www.daejanggan.org
	대전광역시 동구 삼성동 285-16
	전화 (042) 673-7424 전송 (042) 623-1424
ISBN	978-89-7071-279-6

이 책은 저작권법에 의해 보호를 받는 출판물입니다. 기록된 형태의 허락 없이는 무단 전재와 복제를 금합니다.
이 책에 사용한 종이는 화학적으로 원목을 가공하지 않고 나무의 부스러기를 기계적으로 활용한 이라이트를 사용하였습니다..

 값 10,000원

차례,

들어가는 말—성서에 숨겨진 보물, 하나님의 마음   5
서론—성서시대와 오늘의 다문화, 그 해석의 다양성   13

1. 고통 중에 얻은 희망—이주 여성 하갈   21
2. 자신의 정체성을 찾고 인정받다—다말   37
3. 그때 그 사람, 그 이름—게르솜   53
4. 자신보다 하나님의 백성과 가족—라합   69
5. 인종의 벽을 넘어— 룻과 나오미   82
6. 용기 있는 신앙—주인의 병을 낫게 한 소녀   99
7. 외국인을 통해 알게된 하나님의 뜻—니느웨의 할머니   114
8. 죽음을 피해 저항한 피난민—예수 가족   129
9. 왕따로 고생하는 딸과 엄마—수로보니게 여성   143
10. 약간의 사고—예수님과 사마리아 여성   161
11. 참 공동체를 세우려는 노력—브리스길라   175
12. 이주 여성 사업가—루디아   191

들어가는 말

성서에 숨겨진 보물, 하니님의 마음

　한국 사회는 이제 더는 단일 문화를 지향하는 나라가 아니다. 어릴 때부터 우리는 국사 교과서에 있는 대로 단군의 자손이라고 배웠고 단일민족이라고 가르침을 받았다. 그러나 2012년 약 150만 명의 이주외국인이 도시에 상주하고, 그 수는 계속해서 증가한다는 것을 염두에 둔다면 더는 다문화에 대해 침묵할 수 없는 것이 현실이다. 지난 수십 년간 농촌 총각과 결혼해서 들어온 많은 이주여성은 최근 재혼이나 도시 남성들과의 결혼까지 이루어지고 있고, 그 부부들 간에 생겨난 혼혈 아이들의 증가도 계속되고 있다. 그 점에서 순수혈통을 주장하는 단일민족이라는 것은 이념일 뿐 사실이 아님을 깨닫고, 이들에 대해 배제와 차별로 이어지는 현실과 위험을 직시할 필요가 있다. 그렇다면, 성서는 소위 다문화에 대해 어떤 지혜를 제공하는가?
　이 책은 그러한 고민에서 출발한다. 성서는 많은 그리스도인에게 삶의 기준이자 윤리적인 기초로 작용한다. 수시로 생기는 여러 물음, 그리고 변화하는 현실에 대처하는 과정에서 바른 성서 읽기의 필요성이 있다. 때론 여성차별이나 계급제도, 일부다처제, 한 부모, 국제결혼, 타 종교나 외국인에 대한 배타성에 묵인하거나 동조하는 느낌의 성서 구절들을 읽을 때면 과연 성서는 다문화의 현실에 반대하는 답을 주는 것이 아닌가 하는 의심이 들 때도 있을 것이다. 실제로 우리가 고민하는 문제의 답을 명료화하기보다 오늘날의 인권이나 평화, 정의에 어긋나는 면들 때문에 답답함을 느끼게 되는 것도 사실이다. 또한, 현실의 문제를 정확하게 진단하기보다 그 편견을 강화하며 배타성에 동조하는 해석이나 설교들을 들을 때 그리스도인은 혼란스러워한다.

이 책은 성서에 다문화의 삶, 상황, 현실을 담은 이야기가 가득하다는 걸 보여준다. 보물찾기를 한다고 상상해보자. 보물을 찾으려면 지도가 필요하다. 무턱대고 아무 데나 뒤질 수도 없고, 어디에서 찾아야 할지, 무엇을 찾아야 할지 모른다면 아무리 뒤진다 해도 보물을 찾을 수 없기 때문이다. 이 책은 하나님의 귀한 생명의 말씀, 그 보물을 찾는 여정에 필요한 지도의 역할을 한다. 지도에는 크게 두 가지가 들어 있어야 하는데, 하나는 지도에 그려진 주변 상황, 보물이 담긴 지역의 모습을 알려주는 것이고, 다른 하나는 보물이 있는 곳을 찾도록 구체적인 방향을 보여주는 표시이다. 지도에서는 바로 보물이 담겨 있는 성서이야기의 배경, 오래 전에 쓰인 이 이야기가 지닌 시대적 제약성, 당시 문화를 아는 주변상황을 보여줄 것이다. 그리고 지도 표시는 바로, 다문화로 읽어내는 관점이다. 이 관점은 성서를 읽고 보물을 찾는데 결정적 역할을 한다. 무조건 성서를 읽고 가르친다고 다 교육이 아니기 때문이다. 더구나 기존의 성서 해석이 편견에 가려진 우리의 눈을 씻겨주기는커녕, 그 상황을 덧입도록 껍데기를 씌우는 일을 해 왔기 때문에 새로운 관점, 그 편견을 벗겨 내고 그 안에 담고자 한 온전한 자유와 정의와 평화를 발견하도록 돕는 관점은 신앙의 보물을 찾는 데 아주 큰 영향을 끼친다.

여러분을 보물찾기에 초대하고 싶다. 함께 지도를 붙잡고 조건 없는 사랑으로 우리에게 생명을 주신 하나님의 은혜, 하나님의 정의, 하나님의 사랑을 찾는데 열심을 내보자. 그 보물을 찾으면서 우리 자신이 누구인지도 찾고, 하나님께서 각자에게 주신 소명도 찾기를 소망한다.

여기서 저자를 소개하는 게 옳을 것 같다. 책을 쓴 이 두 사람의 만남 자체가 어찌 보면 보물찾기 여정에 꼭 필요한 준비 작업을 하나님께서 하셨다고 믿기 때문이다. 캐나다에서 이주여성으로 활동하는 실천신학자 김혜란과, 잠깐이지만 1년간의 미국 생활을 통해 이주민 경험을 하고 있던 성서신학자 최은영은, 2011년 북미 종교학회/성서학회가 열린 샌프란시스코에서 우연히여호와 이레로 만났다. 서로의 이름은 함께 활동했던 단체, '한국여신학자협의회'를 통해 들어본 적은 있지만, 이전에 한 번도 만나거나 교류를 한 적은 없었다. 이틀도 채 안 되는 만남에서, 우리는 관심 보따리를 풀었고, 다시 만날 걸 약속했고 기대했다. 이듬해, 우리는 한국에서 다시 만났다. 아니, 여건이 안 되어 몇 번에 걸친 전화 통화로 만났다.

둘은 비슷한 나이의 아이 둘을 둔 엄마로서, 아이들의 교육, 특히 기독교교육에 관심 있는 기독교 학자로서 대화를 엮어갔다. 대화를 하면서 온 세계에서 벌어지는 이주 문제와 한국에서 일어나는 다문화상황이 얼마나 중요한지 확인하게 되었고, 이런 문제를 담아낸 기독교 교육 관련 책이 필요하다는 걸 공유하면서 함께 책을 쓸 꿈을 꾸기 시작했다.

이렇게 보물을 찾는 지도 만들기 여정은 시작되었다. 그 과정을 통해 우리가 똑같다는 단일성보다 얼마나 서로 다른지를 보았고, 그 다름의 인정과 존중이 얼마나 중요한지 알게 되었다. 물론, 서로의 관심사와 공통점이 없었다고 말하면 그건 거짓말이다. 다시 말하면, 보물찾기 놀이를 하자는 공통점이 없다면, 보물찾기 자체가 안 되듯이, 둘은 공동의 관심사가 있었고, 그 관심사를 구체화하는 과정에서 이 책에 대한 계획과 꿈이 만들어졌다.

그러나 둘 사이 차이점도 만만치 않다. 지역적으로 김혜란은 캐나다에서 전임교수로 일하고 있고, 최은영은 한국에서 시간 강사로 일하고 있다. 개인적으로 김혜란은 캐나다 백인 남편을 두고 있고, 최은영은 한국 남성과 결혼 했다. 이 둘은 서로 출신 교단도 다르고, 성직자 평신도 지위도 다르다. 한 사람은 실천신학이라는 학문 분야를 맡고 있고, 다른 한 사람은 성서학 분야에서 활동하고 있다. 다른 학문을 하는 자들이 서로의 분야를 인정하면서 한마음으로 책을 쓰는 것이 결코 쉬운 일이 아니라는 걸 우리는 온몸으로 체득했다. 그러나 학문 간 교류, 자신이 속한 학문적 테두리를 벗어나서 다른 학문과 손을 잡고 연구하는 접근방법 역시 21세기 이주 상황에 절실하게 요구되고, 또 현 학계 추세로 고무되는 것이 사실이기에, 우리는 꿈을 접지 않고 펴기로 했다. 이 시대를 진단하고 다음 세대를 연결하는데 그 역할을 감당하고자 뜻을 모은 것이다.

특별히 우리는 성서에서 찾을 수 있는 다문화적 상황, 그것에 더 큰 그림을 통해 새로운 관점을 제시, 조명함으로써 하나님의 정의와 평화가 만나며, 이를 한국의 상황에 적용하도록 돕는데 이 공동 작업의 의의가 있다고 믿는다. 그리하여 소박하고 부족하지만 작은 열매를 맺었다.

이 책은 12장으로 이루어져 있다. 숫자 12는 성서적으로 신학적으로 큰 의미가 있다. 창세기에 보면 하나님이 야곱을 이스라엘로 부르셔서 한 부족이 아닌 12 부족을 세우게 하신데 그 기원이 있다. 12 부족은 하나님이 세우신 신앙 공동체가 단일민족이 아니고 이렇게 다양하다는 점을 간접적으로 보여준다. 그러나 동시에 다른 인종과 문화가 한 뿌리에서 나왔음을 드러내면서, 우리 모두가 하나님의 자녀로서 서로 존중하고 함께 더불어 살아야하는 점이 강조된 것이 숫자 12의 의미이다. 더불어 1년이 12달로 채워지므로, 달마다 1년에 걸쳐 함께 읽고 배우는 기회로 사용하여도 좋고, 주마다 12주에 걸쳐 배움과 토론을 갖는 기회로 삼아도 좋을 것이다.

12장의 목차는 성서의 순서를 따르기로 했다. 그래서 창세기부터 시작해서 바울 서신에 걸쳐 다양한 인물이 주인공으로 등장한다. 연령, 언어, 성별, 계급, 인종, 종교, 경제적 지위, 교육 등 이 모든 면에서 다른 인물들을 등장시키고자 했다. 그러나 이 다양한 성서 인물들을 통해 들려주고 싶은 지혜의 말씀은, 바로 우리 한 사람 한 사람 모두가 하나님이 사랑하고 아끼는 존재임을, 그러므로 우리가 이주민이건, 한국 토착민이건, 한 부모이건, 피난민이건, 노동자이건, 노예이건, 창녀이건 차별 없이 서로 존중하고 돌볼 때 하나님을 만나고 하나님의 뜻을 알게 된다고 가르치고 있다. 이런 다름이 바로 하나님나라를 일구는데 귀한 역할을 하므로 그 나라를 위해 건강하고 온전한 공동체를 만드는데 우리 모두 노력해야 한다.

각 장을 크게 네 부분으로 나누었다. 첫 번째는, 지도의 배경을 그리는 부분으로 주어진 본문에 대한 지리적 배경, 특별 절기나 문화적 예식, 당시 유대인의 전통과 법, 쓰인 어휘에 대한 "배경이야기"이다. 이런 배경지식이 이 책을 주일학교, 다문화 교육, 기독교 교육에서 사용하려는 담당자, 주일학교 교사, 청소년 목회 담당자, 부모들에게 도움이 되면 좋겠다. 두 번째는, 이러한 배경을 기반으로 성서 본문을 새롭게 읽어낸 작업으로 중심 부분에 해당하는 "독백"이다. 이른바 지도에 표시를 한 셈이다. 이 부분은 아이들과 청소년이면 누구나 쉽게 이해할 수 있도록 독백 형식의 구어체로 쓰도록 노력했다. 더불어 해설자의 삼인칭 관점이 아니라, 성서 본문의 주인공이 직접 이야기를 들려준다고 상상하며 일인칭 관점으로 쓰도록 했다. 이를 통해 독자는 마치 그 주인공이 된 것처럼, '만약 내가 주인공이라면 어떻게 했을까' 하는 친밀한 상상력을 발휘하도록 시도했다. 세 번째는, 현재 한국에 일어나는 "사례"이다. 수천 년 전에 쓰인 성서 이야기가 21세기 오늘날 한국의 현실에 어떻게 반영되는지를 보여주고자, 성서 이야기의 주인공과 비슷한 현실에 있는 이주민 이야기를 연결하고자 했다. 마지막 부분은 독자들을 이야기 마당인 보물찾기 놀이에 초청하는 질문들인 "나눔"으로 이루어져 있다. 질문은 각자 삶의 자리에서 할 수 있는 그리스도인의 실천을 독려하는 내용을 제공하여 함께 나누고자 했다. 이런 질문들을 나눔으로써 머리로만 읽는 이야기가 아니라, 몸으로 경험하고 이웃에 관심을 두는 구체적인 행위로 이어지는 데 도움이 되면 좋겠다.

마지막으로, 대장간 출판사 배용하 대표께 감사 인사를 드린다. 잘 다듬어지지 않은 우리의 생각을 긍정적으로 적극 받아주시고, 다양한 방면으로 출판을 위해 적극 지원해 주셨다.

아직도 한국 정서상 자신을 칭찬하는 문화가 낯선 것이 사실이지만, 이 자리를 빌려 공동 저자인 우리 자신에게 감사와 칭찬을 드리고 싶다. 김혜란 박사는 캐나다에서 가르치고 연구하는 교수이며 목회자이자 신학자로 있지만, 고향 한국에 빚진 심정으로 이 글 작업에 함께 했다. 바쁜 와중에도 꼼꼼하게 일정을 챙기며 우리의 글이 더 선한 역할을 하도록 여러 아이디어를 제시한 것에 감사한다. 어설픈 한글 문장을 보내도 기쁘게 읽고, 성서적 배경과 지식을 제공하며, 멀리서는 사례조사에 어려움이 있음을 알고, 알아서 좋은 자료를 찾아 제안해 준 최은영 박사께 감사드린다. 젓가락이 한 쪽이면 제 몫을 다할 수 없듯이, 서로의 역할을 지지해주고 노력한 수고가 아니었으면 우리의 공동 열매는 결실을 보지 못했을 것이다.

이 책을 우리 아이들, 훈훈, 은은, 노아, 하나에게 바친다. 동시에 우리 아이들처럼 혼혈 아이들이나 그 아이들과 더불어 살고 싶어 하는 세상의 모든 아이, 그 가족과 공동체에 바친다.

자 이제 보물찾기 놀이를 할 때다. 지도를 펴고 배낭을 메고, 함께 보물찾기 여행을 떠나 보자.

서 론

성서시대와 오늘의 다문화, 그 해석의 다양성

성서만큼 많은 이에게 사랑받아 온 책이 있을까? 그 역사도 오래되었지만, 무엇보다 여러 언어로 번역되어 많은 나라 사람들에게 전해졌기 때문에 가능했다고 할 수 있다. 2011년 말 세계성서공회 발표에 따르면, 단편 성서까지 포함해 성서는 2,479개의 언어로 번역되었으며, 그 수는 계속 증가하고 있다고 한다. 세계 주요 나라의 언어들은 이미 그 언어의 문법이나 사전 등이 있어 이를 사용해 번역한다. 하지만, 그 외의 수많은 언어에 대해 실제로 배우고 익혀 번역까지 한다는 것은 쉬운 일이 아니었을 것이다. 전자 통신기술이 발달해서 정보가 쉽게 오가는 21세기에 성서를 번역하는 것이나 번역된 자료를 구하는 일이 상대적으로 어렵지 않다. 그러나 수백 년 전 각 나라에 이주해 현지인과 생활하며, 그들의 언어로 성서를 번역한 사람들의 노력과 희생을 이 자리를 빌려 알리고 싶다. 더불어 지나쳐서는 안 될 중요한 사실이 있는데, 이들도 그 나라에서는 한낱 이주민 신분이었다는 것이다. 복음과 하나님나라를 위해 씨를 뿌리는 마음으로 고향을 떠나 타지로 이주하고 현지어를 배우면서 번역한 노력의 결과를 우리는 숭고하게 받아들일 필요가 있다. 이런 번역의 수고를 기억하며, 이 책에 인용한 우리말 성서는 대한성서공회의 개역개정본을 사용한다.

빠르게 변화하는 세계에서 누구도 평생 자신이 태어난 나라에서만 살 것이라고 장담할 수 없다. 세계화라는 변화의 흐름 속에 국가 간의 장벽은 무너지고 자본, 노동, 인구이동 등 모든 영역에 걸쳐 국가 간 이동이 이전과는 비교할 수 없을 정도로 많고 형태도 다양해진 것이다. 최근 한국에 거주하는 이주민을 약 150만 명으로 추정하는데 이 숫자는 계속 증가하고 있다. 직업, 유학, 결혼 등으로 말미암아 늘어나는 숫자는 물론이고, 그 자녀의 수까지 생각한다면 우리 교회와 사회는 다문화라는 큰 틀을 놓고 생각하여야 한다.

성서는 창조 기사부터 대대로 이어오는 이스라엘 역사에서 이스라엘 민족 중심의 사고가 넓게 자리 잡은 것이 사실이다. 따라서 이를 자칫 문자적으로 이해할 때 다른 나라와 다른 인종에 대해 배타적이며 차별적인 태도를 강화할 우려가 있다. 이 책에서는 시대적 책임이라는 큰 과제 앞에 성서에 드러난 다문화의 흔적들을 찾아보고, 적극적으로 재구성하고자 한다. 그것은 성서 속 여러 인물이 이주를 경험했다는 것을 전제한다. 하나님은 아브라함을 비롯해 많은 이에게 한 지역, 고향에 머물러 있지 말고 떠나라 하셨으며, 그들의 이주 여정을 지키시고 도우시겠다고 약속하시고 실제로 그렇게 하셨다.

앞에서 간략하게 언급했듯이 본문의 형식은 크게 네 부분으로 나눠 이뤄진다. 첫 번째 배경이야기, 각각 성서의 인물을 설정하고 그 본문이 가진 배경 및 내용에 대해 개괄적으로 설명한다. 필요하다면 주요한 용어에 대해 해설도 하며 오늘날 다문화 사회와 연결할 수 있는 시사점들을 소개한다. 배경이 되는 성서 본문과 이해의 확장을 위한 참고문헌도 덧붙인다.

두 번째독백는, 가장 비중이 큰 부분으로 다문화관점에서 찾는 성서 이야기의 주요 내용이다. 성서해석 방법의 역사 또한 길고도 줄기차게 변화했 다. 일정한 교리나 영감을 주고자 문자 중심, 교리 중심적 성서해석을 넘어 19세기 역사비평적 방법론을 통해 성서 본문의 역사적 의미와 저자의 의도를 연구하였다. 그렇지만 이것 역시 기존의 성서해석이 신앙공동체에 주었던 신학적 의미나 신앙적 교훈을 충분히 전달하지 못한다는 결론에 이르렀다. 이에 대한 반격으로 20세기 후반, 성서 본문의 최종 형태에 의미를 두고 다양한 삶의 자리에 속한 이들과 소통하며 새로운 창조적 의미가 있는 성서해석방법으로 변화를 가져왔다. 여기서 주로 사용한 성서해석방법론은 "여성주의적 성서비평", "이야기비평", "독자반응비평"으로 이야기를 통해 나독자인 자신를 조명하는 것이다. 성서는 역사적 이야기 형식을 통해 그들의 신앙을 고백하고 있으며, 이를 읽는 우리는 그 이야기의 인물과 소통하며 더 친밀하게 하나님을 만나게 되는 것이다. 여기에 이야기의 힘이 있다. 더 깊은 진실이 담겨 있다. 이를 통해 성서 안에서 현재의 의미를 찾고 그 뜻을 소중하게 이어가기 위한 노력도 같이 하라고 하나님은 요청한다. 본문은 이러한 요청에 책임 있는 답변으로 이야기를 가지고 풀어가려고 한다.

성서의 인물이 이야기의 주인공이 되며 그의 목소리를 통해 이야기가 전개된다. 때로는 대화체를 통해 두 명의 이야기를 듣기도 한다. 성서 본문의 내용을 크게 벗어나지 않되, 틈새에 있는 상황에 대해 적절한 상상력을 통한 메우기를 시도한다. 또한, 주변 인물과의 관계에서 다문화의 현실이 드러나도록 한다. 이어 다음 세대로 신앙을 전수한다는 교육적 측면에서 다문화에 대한 하나님의 선한 의지와 성숙한 신앙을 줄 수 있도록 유도한다.

세 번째 사례로 성서 본문과 관련해서 연결할 수 있는 다문화 사례를 소개한다. 주로 인터넷과 신문에서 발췌한 내용들이다. 힘없고 소외된 이주민의 모습보다 더 희망적이고 진취적인, 그래서 이 시대의 미래를 이끌어 가도록 더 노력해야 할 상을 보여주려고 했다. 아직 우리 사회의 다문화 현실은 그리 긍정적이지 않다. 그럼에도, 많은 교회와 사회가 노력하고 있으며 이를 더욱 격려하고 칭찬함으로써 친숙한 다문화, 다인종, 다종교사회가 되도록 배타성이나 또 다른 차별로 이어지지 않게 도와야 하겠다.

마지막놈으로 시사점을 던져 주는 질문을 통해 우리가 더 고민하고 노력해야 할 것들을 나누려 한다. 이를 통해 어린이, 청소년, 어른은 물론 교회 사역과 사회 선교, 다문화 사역을 하는 분들에게 성서의 본문과 사례를 통해 어렵지 않게 다문화에 대한 관심과 이해가 일어나기를 바란다.

우리는 본문에서 보물을 찾는 심정으로 그 내용을 찾아 나서고 있다. 많은 이주민의 삶 속에서 12장으로 제한한 것에 대한 몇 가지 기준은 이렇다. 첫째, 이주 경험에 대한 것이다. 아파 본 사람이 아픈 사람의 심정을 잘 이해하는 것이다. 이와 같이 성서의 인물들도 이주라는 경험 때문에 더 성숙하게 된 사례들이다. 이를 통해 지금의 이주민에게 더 가깝게 다가갈 수 있을 것이라 생각한다. 성서에는 자의에 의해서 이주한 다말, 룻, 가나안의 여성, 루디아, 타의에 의해 이주한 하갈, 나아만의 여종, 마리아, 브리스길라, 그 경계가 분명하지 않은 십보라와 게르솜, 라합, 니느웨에 사는 할머니, 사마리아 여성이 있다. 이들은 결혼으로, 종으로, 사업으로, 죽음의 위기를 피하려고, 부득이한 사정 등 다른 이유로 이주했다. 이주민을 바라보는 관점은 각각의 처지에 따라 다르지만, 독특한 자신만의 경험을 자신의 목소리로 풀어내고 있다.

둘째, 본문의 이야기는 주로 여성이 주도하며 그들의 목소리를 듣는데 초점을 맞춘다. 지금까지 성서의 주요내용은 주로 남성 영웅이 주도하였고 신앙을 강화하는 데 사용되었다. 사실 그들은 하나님을 잘 섬긴 신앙의 인물들로, 그들의 약점에도 불구하고 하나님은 그들을 자신의 구원 역사를 위해 부르시고 사용하셨다. 이러한 약점과 잘못을 비판하려는 것이 아니라 당시 약자였던 여성들의 목소리가 지나치게 감춰졌고 평가절하된 것에 대한 하나의 새로운 시도이다. 이를 통해 이미 잘 알려진 신앙의 인물들에 비해 지금까지 소외되었지만, 그들의 눈으로 보고 말했을 때 알 수 있는 풍성한 하나님의 뜻 또한 있다는 것을 알리고 싶다. 그들 역시 하나님의 구원 역사에 꼭 필요한 사람들이었다는 점과 이들의 위치가 반드시 약자로 수동적인 여성상만을 드러내지 않는다는 것도 말이다.

셋째, 보다 적극적인 행동으로 도움을 준 인물에 초점을 맞춘다. 이것은 다문화사회로 가는 길목에서 반드시 필요하다고 하겠다. 이주민에 대해 우리 사회가 뭔가를 해 줘야 하고, 동화정책을 펼쳐 적극적으로 한국인을 만들려는 시도에 대해 많은 부분 다시 생각하게 한다. 오히려 성서의 인물들은 이주의 경험을 하면서 가난하고 힘없는 위치에 있는 것으로 인식되지만, 그렇지 않은 이들도 있었으며 이들에게서 배울 점들을 깨닫게 한다. 여기서 '힘'은 단순히 물질의 관점이 아니다. 때로는 이주해 온 이들을 따뜻하게 살피고 그들의 필요를 채우는 역할까지 할 수 있는 이들을 얘기한다. 십보라, 라합, 브리스길라 등

넷째, 이름에 대한 이해이다. 실제로 이름이 없는 사람이 있을까? 다만, 불리지 않고 아무도 기억하지 못했을 뿐이라는 생각이 든다. 성서의 많은 주요 인물은 사실 이름을 갖고 있고 그들의 행적은 이름을 통해 기억된다. 그러나 그들 대부분은 남성이며 이름 없는 남성으로 훌륭한 행적을 남긴 예는 찾기 어렵다.

하지만, 여성은 다르다. 흩어져 있는 유리 조각 같아서, 그것을 다 이어 붙여 하나의 또 다른 작품을 만드는 노력이 없으면 누구에게도 주목받지 못하는 존재들이다. 그럼에도, 이 책에서는 이들을 있는 그대로 찾았고 보물지도에 표시된 대로 보물을 찾는 노력을 하려고 애썼다. 그렇게 했을 때, 찾을 수 있는 많은 내용은 성서의

어떤 인물들보다 가치 있으며 다문화에 대한 이해의 지평을 넓히는 데도 한몫을 할 것으로 생각한다.

다섯째, 한창 일할 나이의 사람에 대해서는 사회든 교회든 주목하지만, 일할 능력이 부족한 어린이, 노인에 대한 배려는 적은 편이다. 본문은 이 점에 대해 조금은 다양한 세대의 인물들을 배치하고 있다. 시아버지 유다와 며느리 다말, 어머니 십보라와 아들 게르솜, 시어머니 나오미와 며느리 룻, 나아만 장군의 병을 고치도록 조언한 어린 여종, 니느웨에 온 예언자 요나를 지켜본 할머니, 초대교회 상황에서 장사꾼의 노예가 되어 있는 힘없는 어린이가 그들이다.

여섯째, 다양한 직업군을 통해 현대사회처럼 당시 성서시대에도 독립적으로 일한 여성들이 있음을 알리고 있다. 가족 속에서 어머니, 며느리, 아내로 불리는 것은 어쩔 수 없으나 그 때문에 더욱 가부장적이며 남성 중심적 사회를 강화할 수 있음을 조심해야 한다. 특히 중국이나 베트남 등 비교적 양성평등한 사회에서 자라 이주해 온 여성들이 한국에 와서 느끼는 문화적 충격은 크다. 여전히 한국 사회는 이러한 여성들에게 오히려 남성중심 사회에서 요구하는 순종적인 아내나 며느리 상을 주입하는 것 같아 안타까운 생각이 든다. 오히려 서로 도움을 주고받을 수 있는 경제 활동을 통해 더 적극적으로 자신의 꿈을 펼치는 것이 이후 자녀 세대에게도 매우 바람직하다고 할 수 있겠다.

일곱째, 성서의 모든 시대를 통해 이주의 역사가 있었음에 주목하고, 또한 다음 세대에 대한 고민을 같이 나누고자 하였다. 다문화

사회는, 지금 당장 느낄 수 없어도 세계화의 흐름 속에 거스를 수 없는 내용이다. 10년, 20년이 지나 다문화가정의 아이들을 이 사회의 주역으로, 세계를 주도하는 또 다른 인재들로 성장시키기 위한 노력이 계속 돼야 한다. 소위 왕따, 학교 폭력에 더 노출되기 쉬운 다문화가정의 아이들을 성서의 내용을 통해, 사례를 통해 더 잘 보호하고 안전하고 평화롭게 자랄 수 있는 환경을 제공해야 한다. 먼저 알게 된 우리가 그 노력을 시작할 때, 그 길이 멀고도 험하지만, 희망이 있으며 그 지혜와 힘조차도 하나님께서 허락하시리라 생각한다.

1장.
고통 중에 얻은 희망 -
         이주 여성 하갈

배경 이야기

〈창세기 16장, 21장/ 갈라디아서 4장〉

아브라함의 아들을 낳은 하갈

　기독교, 유대교, 이슬람교에서 각각의 역사에 가장 큰 인물로 아브라함을 꼽는다. 기독교에서는 믿음의 조상 아브라함으로 불리기도 한다. 지금까지 우리는 늘 아브라함과 그 아내 사라에게서 난 유일한 아들, 이삭만을 말해 왔으며 그에게서 이어진 자손들을 지지해 왔다. 그래서 이삭보다 먼저 태어난 인물, 이스마엘과 그 어머니 하갈에 대해서는 그리 관심을 두지도 주목하지도 않은 것이 사실이다. 그러나 이스마엘도 아브라함의 아들로 이슬람 전승에서는 주요한 기원이 된다. 하갈을 통해 적대적인 타종교, 기독교역사에서 끊임없이 적으로 그려진 이슬람교를 보다 친밀한 형제, 자매종교로서 바라보는 것도 필요하다.

처음 여성인 하와 이후로 성서에 나오는 여성의 역할은 주로 집안에 한정되어 있었다. 남성중심사회의 한 모습으로 여성은 결혼을 해 남편 집안의 대를 이어야 했다. 그런 의미에서 아들을 낳는 것이 매우 중요했다. 성서 곳곳에 아이를 낳지 못해 힘들어한 여성들이 있다. 구약의 사라, 리브가, 라헬, 삼손의 어머니, 한나, 신약의 엘리사벳 등이 그들이다. 이들은 어떤 이유에서인지 쉽게 임신하지 못했고 늦게, 어렵게 얻은 아이는 항상 아들이었다. 그들은 이삭, 야곱, 요셉, 삼손, 사무엘, 세례 요한으로 이스라엘 역사에서 하나님의 뜻을 이루는 중요한 역할을 한 인물이 되었다.

하나님의 약속을 받은 아브라함과 사라였지만, 오랜 시간 불임은 사라로 하여금 어떤 행동을 하게 했다. 그것은 자신의 여종을 통해 자손을 보겠다는 것이었다. 소위 '씨받이'로 자신을 대신해 남편 아브라함과의 관계하게 하고 아이를 낳으면 자신의 아이로 삼겠다는 생각이었다. 고대 근동사회에서 빈번하게 있었던 사건이며 우리의 근대 역사에서도 어렵지 않게 찾을 수 있는 내용이다. 이러한 불의한 제도를 제지하고 비판해야 할 아브라함 역시 '믿음의 조상'

이라는 칭호와는 무관하게 행동했다. 하나님이 주시겠다고 한 자손에 대한 약속을 저버리고 여종에게서 아이를 낳는 믿음 없는 모습이었다.

그렇다면, 하갈은 어떤 인물일까? 그는 여성, 외국인, 종으로 이스라엘 땅에서 살아가기가 어려운 조건은 고루 다 갖추고 있었다. 미국의 여성신학자 필리스 트리블P. Trible은 이 삼중의 억압을 이겨 낸 여성, 하갈에 대해 설명한다. 트리블은 성서가 가정에서 아이를 낳아 대를 잇는 여성으로 겪어야 했던 어려움, 자신이 하고 싶은 대로가 아닌 주인인 사라와 아브라함의 지시와 명령으로 임신과 출산, 이후 쫓겨나는 굴욕까지 당했던 모습에서 이 땅에 사는 약한 여성의 단면을 보여 준다고 주장한다.

하갈 이야기는 창세기 16장과 21장에 광야에서의 모습과 하나님의 사자를 만난 사건이 반복해서 나타난다. 임신하고 주인 사라의 멸시를 견디지 못하고 광야로 도망친 것과 아들 이스마엘이 성장해 광야로 쫓겨난 것이다. 비록 광야라는 불모지는 죽을 수도 있을 만큼 고통의 장소였지만, 새로운 약속을 받은 또 다른 축복의 땅으로 기억할 수 있다. 하갈은 어떤 신에게도 먼저 도움을 청하지 않았다. 그럼에도, 하나님의 사자는 하갈을 만나 주셨다.창16:7 하나님의 사자, 곧 하나님과의 만남을 통해 하갈의 위치는 달라졌으며 그 구체적인 약속의 말씀, "네가 임신하였은즉 아들을 낳으리니 그 이름을 이스마엘이라 하라. 이는 여호와께서 네 고통을 들으셨음이니라"창 16:11, "내가 네 씨자손를 크게 번성하여 그 수가 많아 셀 수 없게 하리라"창16:10, "하갈아 .. 두려워하지 말라 하나님이 저기 있는 아이의 소리를 들으셨나니"창21:17, "일어나 아이를 일으켜 네 손으로 붙들라. 그가 큰 민족을 이루게 하리라"창21:18 등을 직접적으로 듣게 된다. 이는 신구약 성서 전체를 통해 가장 분명하고 강한 구원의 말씀이라고 할 수 있다.

이스마엘의 탄생소식과 우연한 일치라고 보기에는 너무 비슷한 예수의 탄생소식이 누가복음 1장 28-32절에 기록되어 있다. 이를 비교하면 '① 인사, ② 아들의 임신과 탄생을 알림, ③ 아들의 이름을 특별히 정하고 그 이름의 뜻을 설명함, ④ 그 아이의 장래를 알림' 이라는 특징을 찾을 수 있다. 하나님과 하갈 사이의 만남은 대단히 진지하고도 중요한 약속과 성취로 이어졌음을 알 수 있다. 이로써 하갈은 새 민족, 새 종교의 어머니가 된 것이다.

하갈은 하나님의 이름을 짓는 당당함까지 우리에게 보여준다.창16:13 광야에서 만난 하나님을 그 상황에 맞게 "나를 감찰하시는돌보시는 하나님"으로 이름을 지은 것이다. 광야에서 물을 찾기란 굉장히 어려운 과제 중의 하나인데, 하나님과 만나는 것은 16, 21장 모두에서 가장 필요한 물을 얻는 데 중요한 역할을 한다. 또한, 그녀가 명명한 하나님의 이름대로 그녀에게서 약속되었으며 이스마엘을 통해 성취되는 모습을 볼 수 있다.

성서는 지금도 여전히 존재하는 성, 인종, 신분경제의 차별에 대해 하갈을 통하여 말하는 것이다. 하나님은 오늘날에도 억압받고 소외된 이들에게 소외나 또 다른 차별이 아닌 '하갈아' 하고 부르시며 위로하고 계신다. 그 목소리를 들어 보자.

■ 참고문헌

이경숙 외, 『여성이 읽는 성서 구약성서개론』, 서울: 대한기독교서회, 2005.
필리스 트리블, 『성서에 나타난 여성의 희생』, 최만자 역, 서울: 전망사, 1989.
Delores S. Williams, *Sisters in the Wilderness. The Challenge of Womanist God-Talk*. Maryknoll: Orbis, 1994.

> 독 백

고통 중에 희망을 얻은 이주 여성 하갈

> 여호와의 사자가 또 그에게 이르되 내가 네 씨를 크게 번성하여 그 수가 많아 셀 수 없게 하리라… 하갈이 자기에게 이르신 여호와의 이름을 나를 살피시는 하나님이라 하였으니 이는 내가 어떻게 여기서 나를 살피시는 하나님을 뵈었는고 함이라. 창16:10,13

"하갈, 하갈!" 사라 주인님이 이렇게 부르시면 언제나 "네!" 하고 대답하며 달려가는 나는 하갈입니다. 한 마디로 종이죠. 종은 항상 주인의 재산이나 물건처럼 취급되었고 나 역시 어릴 적부터 사라 주인님 곁에서 이것저것 시키는 대로 해야 했어요. 내가 원하는 것이나 하고 싶은 것과는 상관없이요.

나는 나름 꿈 많은 소녀였답니다. 언젠가 종에서 자유인이 되어 살아보고도 싶었고, 사랑하는 사람을 만나 결혼해 나를 닮은 딸과 남편을 똑 닮은 아들을 갖고도 싶었답니다. 그런데 그것은 원하는 대로 되지 않았어요. 왜냐하면, 뜻하지 않은 관계에서 아기를 갖게 되었거든요.

주인님 사라와 아브라함은 하나님을 잘 믿었어요. 하나님께서는 그들에게 많은 자손을 주시겠다고 약속을 하셨다는데, 아무리 기다

려도 아이가 생기기는커녕 사라는 월경도 끝나고 도저히 아기를 가질 수 없는 나이가 된 거예요. 괜히 걱정이 되었어요. 주인님이 편해야 나도 편한데, 늘 아기를 초조하게 기다리고 원하는 모습이 안쓰럽기도 하고 약속을 하셨다는 하나님이 원망스럽기도 하더라고요.

어느 날 사라 주인님은 나를 부르셨죠. 그리고는 주인님의 남편인 아브라함에게 가라고 하셨죠. 그리고는 그의 아들을 낳으라고 명령하셨어요. 그동안 키워왔던 소박한 꿈, 결혼에 대한 환상이 한 순간에 무너지더군요. 그래도 할 수 있나요? 종인 주제에….

혹시나 아브라함 주인님은 하나님의 약속을 굳게 믿기에 나를 거절하지 않을까 하는 생각도 했죠. 그렇지만, 내가 본 아브라함 주인님은 너무나 아내의 말에 그대로 따르고 행동하는 분이셨죠. 그래서 나와 잠자리도 같이하고 결국 광야로 쫓아낼 때도 아내인 사라 주인님의 의지에 따라 움직이셨답니다.

굉장히 두려웠지만, 모든 것은 순조로웠어요. 내가 젊고 건강해서인지 아이는 쉽게 가지게 되었죠. 아이를 임신하고서 나는 더는 종으로 생활하지 않아도 되었죠. 언제나처럼 일찍 일어나 사라 주인님의 모든 수발을 드는 나의 모습이 아니었어요. 몸이 힘들기도 했지만, 아이를 가졌다는 자신감도 넘친 게 사실이에요. 모두 친절하게 대해 주었거든요. 계속 대를 이을 수 없을 것 같던 아브라함 집안에 아이가 생긴 거잖아요. 대단한 거죠.

그러나 단 한 사람, 사라 주인님만은 못마땅해 했고 더 심하게 나를 대했어요. 그분이 원해서 성관계도 하고 아이도 가졌건만 도저히 임산부에게 해서는 안 되는 말들과 행동들은 계속 되었죠. 이런 식으로 가다가는 나도, 뱃속의 아기도 온전하지 않을 거란 생각에 도망을 결심했죠. 종이 아닌 부자 아브라함의 아내, 아브라함 장손의 엄마도 다 필요 없더라고요. 아기를 낳아 둘이서 가난하지만, 자유롭게 살고 싶다는 생각만 간절했거든요.

집 안 사람들이 모두 잠든 밤을 이용해 광야로 도망쳐 나왔지만, 사실 무서웠어요. 나의 편이 아무도 없는 것 같았고 실제로 그렇기도 했고요. 그런데 "하갈아" 하며 부르는 소리에 깜짝 놀랐어요. 그 부름은 주인님인 사라가 예전에 부르던 것과는 다른 느낌이었어요. 따뜻하고 인자한 목소리, 그렇지만 나의 맘과 형편을 누구보다 더 잘 알고 하시는 말씀이었어요. 임신은 했지만, 딸인지, 아들인지 알 길이 없었는데, 아들을 낳아 그 아이가 큰 인물이 될 거라고 약속하시며 이름까지 알려주셨죠. "이스마엘," 나는 늘 주인님의 말에 순종하는 종이었는데, 내 아이의 이름, 이스마엘은 '하나님이 들으시다' 는 뜻이 있다는 거예요. 놀라운 경험이었죠. 내가 하나님을 찾은 것이 아니라 하나님이 나를 찾으셨다니요. 나는 그 하나님을 이름 짓게 되었어요. "나를 감찰하시는 하나님"엘 로이 나의 일거수일투족을 보고 살피시는 하나님, 나의 억울함, 두려움까지도 다 아시는 하나님을요. 사실 나는 다른 민족 출신으로 하나님에 대해 잘 알지도 못했고 믿음도 없었어요. 그러나 하나님은 먼저 나를 찾아와 주시고 나의 가장 깊은 마음을 보고 말씀하셨어요. 비록 다시 사라 주인님 집으로 돌아가라고 말씀하셨지만, 그것은 나를 위해, 아기를 위해 광야에서 더 큰 피해를 받지 않기를 바라시는 그 마음이 느껴졌답니다. 나는 말씀에 순종했어요. 그리고 순산하여 약속의 아들, 이스마엘을 낳게 되었지요. 그 아이는 건강하게 잘 자랐어요. 십여 년이 흘러 사라 주인님도 아들 이삭을 낳게 되었지요. 정말이지 두 아이 이스마엘과 이삭이 비록 엄마는 다르지만 서로 잘 지냈으면 했는데, 쉽지 않더라고요. 사라 주인님은 큰 아이 이스마엘이 못마땅한지 늘 혼내며 이삭 편만 들었어요. 그것을 지켜보는 나도 속상했지만, 어쩔 수 없었어요. 하나님께 맡길 수밖에요.

그러던 어느 날 아브라함 주인님이 조용히 나를 보자고 하셨어요. 아내 사라는 이스마엘이 제1 상속자가 되는 것을 원하지 않는다고 하면서 이삭을 위해 이스마엘과 내가 떠나 줄 것을 부탁했어요. 많이 고민하신 모습이 역력했어요. 또 이 말도 잊지 않으셨죠. 하나님께서 이스마엘을 통해서도 하나의 민족을 이루시겠다고 말씀하셨다는 것을요. 이것은 나에게 큰 위로가 되었어요. '어디든 가서 무엇이든 못 하랴. 내겐 아들 이스마엘이 있는데….' 그러나 막상 길을 떠나니 아브라함이 챙겨 준 떡과 물 한 가죽부대는 금방 다 떨어지고 말았어요. 그리고 그 넘치던 자신감은 찌는 듯한 햇빛 아래 죽음과도 같은 공포로 변하더라고요. 나와 이스마엘은 함께 소리 내어 울 수밖에 없었죠. 그런데 또다시 "하갈아" 하는 익숙한 하나님의 음성이 들렸어요. 그러면서 나의 아이 이스마엘의 소리를 들으셨다는 거예요. 그리고 나에게 아이를 일으켜 주고 내 손으로 붙들라고 하시며 큰 민족을 이루시겠다는 약속의 말씀을 또다시 하시더라고요. 하나님이 마치 나의 손과 발이 되어 우리 아이 이스마엘을 일으켜 세우고 붙드시는 느낌이었어요. 거기서 그치지 않고 당장 목을 축일 물도 없는 상황이었는데 커다란 샘물을 발견하게 하셨어요.

이후의 삶은 하나님이 늘 함께 하시며 도우시는 시간이었답니다. 내가 이스마엘을 위해 이집트 여성을 찾고 결혼을 시키기까지 하나님은 언제나 나를 감찰하시고 지켜보고 계셨어요. 처음 광야로 나갔을 때 나를 감찰하시는 하나님으로 내가 이름 지었던 그 모습 그대로요. 내가 비록 이스라엘 땅에 산 이주민으로, 하나님에 대해서 잘 알지 못했지만, 이제는 알아요. 차별하지 않으시고 따뜻하게 나의 이름을 불러 주신 그 하나님을 믿으며 나의 삶을 지켜나갈 거예요.

사 례

▶ 이주여성에 대한 편견은 물리적 폭행이나 감금으로 이어지기도 한다. 베트남 출신 E씨는 임신하고 태아에게 고향 노래를 들려주고 싶어 베트남 음악을 틀었다가 남편에게 폭행을 당했다. 또 다른 베트남인 F씨는 '생긴 게 마음에 안 든다' 등의 이유로 시어머니에게 맞고 지낸다. 시어머니는 F씨가 외출도 마음대로 못하게 했고, 출산한 지 8일밖에 안됐는데 때리기도 했다. 실제 연구 결과에서도 '가정에서 신체적 폭력을 당한 경험이 있다'는 응답은 18.6%(148명)에 달했다. 또 30.6%는 '자유롭게 외출을 못하게 했다'고 답했고, 남편이나 시댁 식구에게 감금당한 경험이 있다는 비율도 4.2%나 됐다.

필리핀 출신 G(24)씨는 "'못사는 나라에서 와서 잘 배우지 못했다. 한국 사람이 돼야 한다'며 훈련하듯 마음대로 때리거나 가둬도 된다고 생각하는 사람이 많다. 도망갈 수 있다며 신분증을 빼앗기도 한다"고 말했다. *(출처: http://cafe.daum.net/china-521)*

▶▶ 한국에 시집 온 베트남 이주여성이 고층 아파트에서 두 자식을 안고 뛰어내려 숨졌다. 23일 오전 11시 20분께 부산 북구의 한 아파트 18층 베란다에서 A씨(27)가 딸(7), 아들(3)과 함께 뛰어

내려 숨진 것을 남편이 발견해 경찰에 신고했다. 당시 A씨는 딸과 아들을 데리고 작은방으로 들어가 문을 잠갔고 남편 B씨(47)가 뒤늦게 문을 열었지만, A씨가 두 자식을 안고 뛰어내리는 것을 막지는 못했다. 경찰 조사결과 8년 전 베트남에서 건너와 B씨와 결혼한 A씨는 가정불화로 최근 이혼소송 중이었던 것으로 드러났다. 경찰은 B씨가 전날 부산 남구의 본가에서 자고 이날 오전 북구 자택으로 그의 아버지와 함께 들어오고서 얼마 지나지 않아 이같은 사고가 발생한 것으로 보고 있다. 경찰은 A씨가 베트남어로 남긴 유서를 발견해 내용을 분석하고 있다. 또 남편 B씨 등을 상대로 정확한 사고 경위를 조사하고 있다.

(출처: 동아일보 2012/11/23)

▶▶▶ 결혼생활에서 겪는 어려움 중 가장 큰 것이 인격적인 모독이다. 대부분 국제결혼정보회사나 특정종교기관을 통해 결혼한 경우, 결혼비용과 선물비 등 결혼의 부대비용을 한국남성이 부담한다. 자신이 결혼하기 위해서 든 비용 때문에 남편은 아내를 배우자로 대하는 것이 아니라 돈 주고 사온 소유물과 같이 취급한다. "너는 내가 돈 주고 사왔으니까 내 말을 잘 들어야 한다"라는 말을 들을 때면 너무 속상하다. 자기 맘에 안들 경우 툭하면 "나가라"고 한다. 그뿐만 아니라 남편이 가하는 성적 학대에 모멸감을 느끼는 때도 있고, 성생활에 불만을 보이면 바람기가 있다고 모독한다. 시집 식구들에게 가정부 취급을 당하기 일쑤다.

(출처: 한국이주여성인권센터)

▶▶▶▶ 국경을 넘어 가난을 해소해보고자 한국으로 넘어온 소미의 노동자 생활은 한국남성의 구애와 함께 중단된다. 소미는 결혼과 함께 직장을 그만두고 방이 두 칸뿐인 17평 연립에서 홀시아버지와 시동생 둘과 함께 신혼을 보냈다. 아침 6시면 어김없이 일어나 8시에 출근하는 시동생의 아침을 준비하고, 밥상을 보고, 치우고, 청소하고, 빨래하는, 전형적인 아내와 며느리로서의 삶이 시작되었다. 그런데 결혼한 지 한 달이 되면서 소미는 자신의 결혼생활에 정작 '자신의 삶'이 없음을 자각하기 시작한다.

소미가 느끼는 결혼생활의 어려움은 한마디로 의사소통의 부재로 집약된다. 이는 언어소통의 단순한 장애가 아니라, 문화의 다름에서 기인하는 이해받지 못함, 인정받지 못함이라는 삶 자체의 문제이다. 더욱이 소미가 '동남아시아여성'이라는 태생의 차이는 시아버지가 환영할 수 없는 본질적 조건이었고, 가족구성원으로서 용인되지 못하는 경계가 됨으로써 시댁과의 관계 맺기의 어려움은 더 가중된다. 한국사회에서 결혼생활은 부부중심의 관계성으로 구성되기보다는 부계중심의 친족관계에 편입되면서 며느리로서 그리고 어머니로서의 역할이 중시되는데, 소미는 그 자리 매김에 자신의 위치를 불안하게 둘 수밖에 없다.

이러한 상황에서 갈등이 생기면, 그 원인은 단순한 언어의 문제로만 돌려져 소미에 대한 선입견과 차별의식은 은폐되기도 한다. 소미는 실질적으로 집안에서 주요한 노동력을 제공하지만, 마치 돈을 축내는 사람으로만 취급받는다. 소미의 고국에 대한 문화나 관습이라는 맥락이 이해되지 못하면서, 친정의 존재는 부유국의 남성에 의해서 무시되고, 이를 마치 돈을 빼돌리는 행위처럼 간주한다. 출산 과정에서도 소미는 시댁 가족들의 무관심과 돌봄 없이 퇴원하여, "산후 6일 만에 일어나 부엌일을 해야만" 하고, "식구들의 밥과 반찬을 만들고 시아버지, 시동생 빨래, 아기 기저귀 등을 빨아야" 했다. 소미의 존재는 자신이 스스로 평가하는 것처럼 아내가 아니라 '가정부'였지만, 소미가 낳은 아이는 그 집안의 없어서는 안 될 존재가 되었다.

(출처: 한국이주여성인권센터)

▶▶▶▶▶ 2010년 이주여성 지도력의 진출에서 가장 폭넓은 영역은 이주여성의 특성을 살린 지도력의 배출일 것이다. 통번역상담원으로 활동하는 이들, 갓 이주 온 여성들에게 한국어를 가르치는 한국어교사로, 유치원이나 어린이집 또는 학교에서 자국의 문화를 소개하는 다문화 강사로, 일정 교육을 받고 학교에 배치되어 원어민교사나 다문화교육을 하는 교사, 아동양육사 등 이주여성들이 다양한 영역에서 활약하고 있다. 또한, 우즈베키스탄 출신인 이로다(29살)와 베트남 출신 누곡푸웅(24살)씨처럼 은행에 정식직원으로 특채되어 이주민들을 대상으로 국외송금이나 환전업무를 담당하는 이들도 있으며, 은행이나 기업에서 이주여성 취업이 늘어날 전망이다. 이렇게 다문화 담지자로서의 특성을 살린 활동 이외에 요양보호사, 음식 조리사, 제빵사, 미용사 등의 기능직 자격을 취득하여 자격증 시대인 한국사회에 발맞추어 자격증을 따서 자기의 일

자리 영역을 넓혀가는 이주여성들도 있다. 또한, 취미와 적성을 살려 이주노동자방송국에서 기자나 아나운서로, 성우로 일하거나 연극, 영화, 비디오로 영상 만들기, 미술, 공예 등 예술방면에서 한국 사회와 소통을 증진하는 이주여성들도 있다.

(출처: 여성신문 2010/1/7)

나 눔

함께 생각해 봅시다

1. 이주 여성 인권에 대한 교육은 무엇부터, 누구에게 먼저 해야 할까요?

2. 이주 여성이 자녀를 낳고 키우는 과정에서 겪는 어려움을 교회는 어떻게 도와줄 수 있을까요?

2장. 자신의 정체성을 찾고 인정받다 - 다말

배경 이야기

〈창세기 38장, 마태복음 1장〉

유다는 다말의 시아버지인가, 남편인가?

창세기 38장은 요셉에 대한 긴 이야기창37-50장 중에 삽입되어 있다. 요셉의 전체 이야기에서 이와 상관없는 유다와 다말에 관한 내용이 들어 있다는 것을 어떻게 이해해야 할까? 많은 성서학자는 유다와 다말에게서 난 아들 베레스로 이어지는 자손 중에 다윗 왕이 태어난 기원을 설명해 준다고 설명한다. 이는 후에 예수에게로 이어지므로 하나님의 구원 역사에 빼놓을 수 없는 아주 중요한 사건이라고 할 수 있다.마1장

다말 이야기는 현대의 상황과 너무 동떨어져 있는 내용으로 이해가 잘 안 된다. 며느리가 시아버지와의 관계에서 아이를 낳고, 그 아이는 어떤 어려움도 없이 잘 자라 예수의 조상이 되었다는 사실이다. 이를 계획하고 주도적인 역할을 한 다말에게, 우리는 세상의 비난과 멸시보다는 그 처한 상황에 대해 먼저 이해할 필요가 있다. 또한, 하나님도, 시아버지 유다도 이렇게 낳은 생명에 대해 잘못되었다고 막으시거나 벌하지 않았음에 주목해야 한다. 정통성을 자랑하고 가부장적 구조의 이스라엘 사회에서 다말은 걸림돌로 작용하지만, 오히려 그 부끄러운 역사조차도 그대로 드러냄으로써 이 시대의 아픔에, 고통스러운 문제에 귀 기울여야 함을 역으로 알려 주는 것이다.

다말은 가나안 출신이다. 엄밀히 말해 당시 국가적 경계는 없었지만, 이스라엘 혈통이 아니기에 여기서는 외국인으로서 이스라엘 남자와 결혼한 이주여성이라고 정의한다.

본인의 잘못도 아닌 상황에서 계속되는 배우자의 죽음, 현실적인 고통을 우리는 얼마나 이해할 수 있을까? 그것도 모자라 그는 친정으로 보내지고 하염없는 슬픔과 기다림 속에 놓이게 되었다. 그러나 당시 이스라엘 사회는 남성 중심적인 가부장제로 여성은 결

혼해서 자신이 낳은 아들을 통해 그 정체성을 인정받았다. 마치 유교의 심종지도와 같이 아무개의 딸, 아무개의 아내, 아무개의 어머니로서만 이해되었기 때문에 성서의 많은 여성은 늘 가정이라는 울타리 안에 머물러 있을 수밖에 없었다. 또한, 결혼을 해서도 아들을 낳아야만 그 자리를 인정받았기 때문에 불임으로 고통 받은 여성들뿐 아니라 다말도 그 대열에 들어간다고 할 수 있다.

시형제법은 수혼 풍습Levirate marrige이라고도 하는데, 고대 이스라엘에서 남자 집안의 대를 잇도록 형이 자손 없이 죽었을 때 그의 아내가 시동생, 혹은 그 친족과 관계하여 자손을 갖도록 하는 것이다.신25:5-10; 마22:23-30; 막12:18-25; 눅20:27-36 그래서 자신들의 재산이나 땅이 다른 종족이나 남성들에게 넘어가지 않도록 하는 가부장적 문화를 공고히 하는 장치였다.

다말의 이야기에서는 다말에 의한 것도 아닌데, 남편 엘이 악행으로 죽고, 그 남동생 오난까지 다말과의 관계를 피해 죽임을 당한 것이 마치 여성의 잘못인 양 평가되고 선포되는 것에 대해 새로운 각성이 필요하다. 남편과 그 형제, 시아버지 사이에서 이 제도 역시 여성의 처지에서 생각하지 않는다.

그러나 다말은 달랐다. 버림받은 여자가 되느냐, 유다 집안 여자로서의 정통성을 확보하느냐의 갈림길에 섬으로써 매우 위험하지만, 지혜로운 선택을 하게 되었다. 당시 간음하다 잡혀온 여성에게 내린 벌은 돌로 쳐 죽이는 것이었다.레20:10; 신22:22-24; 요8:4-5 그럼에도, 다말에게 내려진 처벌은 이보다 한 수 위인 화형이었다. 이는 제사장의 딸이 간음했을 때나 적용레21:9되었지만, 마음대로 그 적용 강도를 정한 유다를 생각해 볼 수 있다. 예수 당시에도 그랬던 것처럼 간음한 여성은 있으나 남성은 없고 찾을 생각조차 하지 않는 모습에서 오히려 성폭력의 피해자가 더 이중, 삼중의 고통을 받을 수 있는 차별적인 상황을 보여준다.

성 산업, 그중에서 성매매는 수요와 공급이라는 차원에서 이해해야 한다. 물론 금지되어야 하고 이와 같은 일로 희생되는 사람들이 없어야 하겠지만, 그렇게까지 밖에 할 수 없는 이 땅의 성매매 여성들의 아픈 처지들을 느끼고 알게 되는 계기가 되었으면 한다. 예수님도 성매매여성, 창녀를 수치스럽게 여기지 않으시고 친구가 되어 주고, 함께 식사를 통해 교제하지 않으셨는가?

다음에서 다말, 그녀의 목소리를 통해 이 땅의 억울한 형편에 처한 여성들을 만나는 계기가 되어 보자.

■ 참고문헌

김호경, 『여자, 성서 밖으로 나오다』 서울: 대한기독교서회, 2006.

이경숙, "시형제 결혼을 쟁취하여 구원사를 엮어낸 이방여성 다말과 룻" 한국여성신학회 엮음. 『다문화와 여성신학』 서울: 대한기독교서회, 2008. 105-131쪽.

Williams, Michael E. ed. *The Storyteller's Companion to the Bible*. Nashville: Abingdon Press, 1993.

독백

자신의 정체성을 찾으려 노력하고 이를 인정받은 다말

유다가 이르되 무슨 담보물을 네게 주랴 그가 이르되 당신의 도장과 그 끈과 당신의 손에 있는 지팡이로 하라 유다가 그것들을 그에게 주고 그에게로 들어갔더니 그가 유다로 말미암아 임신하였더라.창 38:18

여성이 끌려 나갈 때에 사람을 보내어 시아버지에게 이르되 이 물건 임자로 말미암아 임신하였나이다 청하건대 보소서 이 도장과 그 끈과 지팡이가 누구의 것이니이까 한지라 유다가 그것들을 알아보고 이르되 그는 나보다 옳도다 내가 그를 내 아들 셀라에게 주지 아니하였음이로다 하고 다시는 그를 가까이하지 아니 하였더라.창38:25-26

나는 다말이에요. 결혼 전까지 나의 삶은 참 순탄했어요. 그래서 결혼 후에도 아이를 낳고 남편과 행복하게 잘 살 줄 알았죠. 유다는 먼저 나에게 자신의 큰아들 엘을 소개했고 그와 결혼하길 바랐지요. 나는 가나안 사람으로 가나안 남자와 결혼하고 싶었는데…. 그랬던 내가 지금은 시아버지가 된 유다의 권유로, 또한 우리 부모님 역시 큰 반대를 하지 않은 탓에 엘과 결혼을 하게 되었지요. 시아버지가 나에 대한 호감을 강하게 표현하지 않았다면 과연 결혼까지

했을까요? 그런데 결혼 후 너무 큰일들이 일어났어요.

    결혼해 낯선 땅으로 와서 남편집안의 여러 문화를 익히는 것도 바쁘고 힘든데, 남편 엘은 이해하거나 도와주지 않고 오히려 하나님이 보시기에 악하게 행동했어요. 나의 서러움을 아셨는지 엘의 행동은 결국 하나님의 심판인 죽음을 가져 왔죠. 하나님은 한없이 사랑과 자비를 베푸시는 분이지만, 악은 철저하게 싫어하고 심판하는 분이신 것을 알게 되었답니다.

    처음에는 너무 두려웠죠. 나도 잘못을 저지르면 하나님께서 나에게도 이처럼 하실까? 남편 없이 이곳 시댁에서 어떻게 지내야 할지에 대한 걱정도 크게 다가오더라고요. 시아버지 유다는 그 슬픔과 두려움 속에 있는 내게 이스라엘의 관습법인 시형제법을 따라야 한다고 말씀하시더라고요. 결혼 전에 들어 본 적은 있는데, 실제로 내가 시동생인 남편의 남동생과 관계를 해 아들을 낳아야 한다니…. 참 내 인생이 기구하다는 생각이 들었죠. 시아버지는 시동생 오난에게 나와 잠자리를 같이 하라고, 그래서 내가 임신을 하길 바라셨지요. 그런데 그것 역시 맘대로 되지 않았어요. 오난은 형수인 내가 맘에 들지 않았는지, 자신과의 관계에서 낳은 아이라 하더라도 형의 아이가 되니 그것이 싫었는지, 정상적인 성관계가 아닌 정액을 밖으로 내 버리는 거였어요. 나를 무시해도 그렇지 너무 속상하더라고요. 그런데 이것 역시 하나님 보시기에 악한 행동이었나 봐요. 하나님은 그를 죽이셨답니다. 반복되는 죽음 앞에 너무 놀랐고 두려운 하나님을 경험했죠. 하나님의 뜻을 거스르면 안 되겠다는 것도요. 그리고 하나님의 뜻이 무엇일까 곰곰이 생각한 계기가 되기도 했죠.

그 결과, 남편의 둘째 동생이자 셋째인 막내 셀라가 있었음에도 시아버지는 하나밖에 안 남은 아들마저 죽게 될까 너무 걱정이 되었나 봐요. 셀라가 좀 어리기도 했고요. 그래서 셀라가 클 때까지 내가 친정에 가 있기를 바라셨죠. 나는 무거운 마음으로 친정인 가나안으로 돌아갔지요. 동네 사람들은 남편과 시동생까지 죽게 한 원인이 나에게 있는 것처럼 생각하더라고요. 그게 어디 제 잘못인가요? 낯선 환경에서 지내는 것부터 시작해 모든 것이 버겁고 힘들었는데, 두 남자를 죽인 오해까지 받고 보니 살 기운조차 나지 않더라고요. 다른 문화에도 이런 전통이 있을 거예요. 일단 결혼을 해 시댁으로 들어갔으면 검은 머리가 파뿌리 되도록 그곳에 있어야 하는 것이요. 우리 가나안 전통에도 그런 게 있었거든요. 내 잘못도 아닌데, 많은 사람이 나에게 무슨 잘못이 있었다고 단정 짓고, 보는 시선 때문에 더 고통스러웠죠. 친정 식구들 역시 과부가 되어 되돌아온 나를 참 불편해했어요. 그래서 더 시댁에 빨리 가고 싶었나 봐요. 나는 언제 시댁에서 부를까 늘 기다리게 되었답니다. 아이를 낳고 당당하게 집안의 대를 잇는 그 역할을 하고 싶었어요. 시간은 꽤 흘렀고 막내 셀라도 다 컸지만, 시아버지는 연락은커녕 오길 바라지 않는 눈치 같더라고요. 나는 어떻게든 나의 역할을 하고 싶었고요.

그러던 어느 날이었어요. 시어머니가 돌아가시고서 시아버지 유다가 양털을 깎으러 딤나에 올라왔다는 얘기를 들었죠. 그래도 '시어머니는 나에게 잘해 주셨는데…' 하는 슬픔은 잠시, 나는 이때다 싶었어요. 계속 버림받은 여성으로 남느냐, 남편의 집안을 이어 그동안의 누명을 벗고 나의 위치를 확보하느냐 하는 기로에서 저는 후자를 선택했어요. 그만큼 간절했거든요. 과부의 의복을 벗고 너울로 얼굴을 가려 내가 누구인지 모르게 하고 시아버지가 지나갈 길, 딤나 길 곁 에나임 문에 앉아 있었어요. 마치 창녀처럼요. 아니나 다를까 시아버지는 나를 창녀로 보고 자신과 잠자리를 같이하자고 제의하는 것이었어요. 그래도 시아버지의 인격을 믿고 반신반의하며 앉아 있었는데, 너무도 쉽게 내게 다가오는 것 있죠? 참 어이가 없기도 했지만, 좋은 기회다 싶었죠.

물론 시아버지가 한 행동, 결혼한 남자가 부인 몰래 다른 여자와 관계를 갖는 게 바람직하다고 주장하고 싶은 게 아닌 것 아시죠? 사실 그 당시 그는 아내가 죽고 혼자되어 아무리 쓸쓸하고 외로워하던 시기라 하더라도 하나님을 섬기는 그가 그러면 안 되잖아요. 돈을 주고 성관계를 할 사람을 사다니…. 나는 먼저 의도적으로 대가에 대해 물었답니다. 그는 당장 준비한 게 없었는지 나중에 염소 새끼 한 마리를 준다고 순순히 약속을 하더라고요. 나는 이때다 싶어 그 염소 새끼를 받을 때까지 담보물이 필요하다고 요구했죠. 나름 꼼수를 부린 거예요. 내가 진짜 창녀도 아니고 시아버지를 통해 아기를 가질 욕심뿐이었거든요. 시아버지도 순순히 응하더라고요. 그래서 나는 그의 유일한 도장과 끈과 지팡이를 담보물로 받아 두고 잠자리를 같이했답니다. 그가 간 후에 나는 다시 과부의 옷을 입고 친정에서 지냈고요. 나의 역할은 딱 거기까지였으니까요. 하나님도 나의 행위에 대해 옳다고 인정하셨다는 확신이 들었어요. 왜냐하면, 남편 엘이나 시동생 오난처럼 하나님 앞에 악을 행하여 받는 죽음이나 벌이 내게 임하지 않았으니까요.

시아버지는 정직한 사람이라 자신이 한 일에 대해 책임감 있게 행동했어요. 친구 편에 염소 새끼 한 마리를 보냈고 그것을 같이 잠을 잔 여자에게 주고 자신의 담보물을 찾아오려 했어요. 그러나 여자를 찾기는커녕 그곳에는 창녀가 없었다는 소식까지 들은 거였어요. 후후, 이건 나만이 아는 비밀이었으니까요.

그로부터 몇 달 후 나는 바라던 대로 임신을 한 사실을 알게 되었어요. 시댁까지 그 소식은 전해졌죠. 내가 다른 남자와 관계하여 부정하게 아이를 가진 것으로 소문이 났어요. 이것이 사실이면 시댁으로서는 엄청난 수치였죠. 시아버지인 유다는 나를 간음한 것으로 간주하고 당시의 법인 돌에 맞아 죽는 것이 아닌 불에 타 죽는 화형을 명한 것 있죠. 영락없이 죽을 운명이었죠. 아마 이러한 죽음을 맞바꾸는 용기가 내 안에 없었다면 시아버지와 관계해 아이를 가질 생각까지 할 수 있었겠어요?

나는 사람들에 의해 끌려 나가는 와중에 유다의 것인 도장, 끈, 지팡이를 보이며 임신한 것이 시아버지에게서 비롯된 것임을 알려 주었어요. 모두가 놀라워했죠. 그리고는 모두 시아버지 유다의 반응만을 살필 뿐이었어요. 유다는 침착했어요. 먼저 자신의 것이 맞는지 하나하나 만져 보고 사용해 보았어요. 도장도 찍어보고, 끈을 허리에 둘러보고, 지팡이도 자기 것인지 단단히 만지고 땅땅 내리치기도 하면서요. 그리고는 인정했어요. 화를 내거나 자신이 한 일이 아니라고 부정하지 않았어요. 비록 홀아비가 되어 외로웠지만 이런 일을 해서는 안 되었는데, 하는 당신 혼자만의 속생각이 들었을지도 모르겠어요. 그래도 감사한 건, 시아버지가 자신의 수치를 가리려고 저를 내치지 않고, 나의 처지를 이해하고 지지해 주었다는 사실입니다. 막내아들인 셀라를 나에게 보내지 않은 자신의 잘못까지 뉘우치면서요. 나도 나지만, 우리 시아버지도 큰 경험을 하신 게 맞지요? 아마 다시는 창녀한테 안 갈 거라고 믿어요.

비록 힘든 과정을 거쳐 하게 된 임신이지만, 아이, 아니 쌍둥이 두 아들, 베레스와 세라는 건강하게 태어났답니다. 내가 할 수 있는 일은 더 큰 사랑으로 하나님 보시기에 바르고 정직하게 키우는 것이었지요.

참 부끄러울 수도 있는 일들을 통해 하나님은 자신의 뜻을 이뤄 가신다는 생각이 들어요. 잠시였지만 졸지에 창녀가 되어보면서 어쩔 수 없이 자신의 몸과 성을 팔아야 하는 창녀들의 삶에 대해서도 생각하게 되었지요. 저도 어쩔 수 없는 상황으로 살려고 시아버지에게 꼼수를 걸어 아기를 갖게 되었듯이, 창녀가 된 여성들도 그들만의 우여곡절이 있을 수 있겠다 하는 생각이 들더라고요.

직접 나에게 명령하지 않으셨지만, 용기를 가지고 최대한 노력을 한 결과 죽음 대신 생명의 탄생을 가져 오게 되었어요. 예쁘게 태어난 쌍둥이 두 아들, 베레스와 세라는 나의 죽음과 맞바꾼 귀한 보물들이시요. 그 이이들도, 하나님도 나를 부끄럽게 여기지 않으리라 생각해요.

사 례

▶ 한국인과 결혼한 이주여성의 경우, 한국인 남편과 살고 있으나 거주 비자로 체류자격을 취득해야 하는 외국인 신분이기 때문에 복지대상에서 배제되고, 어떤 이유라도 결혼사유가 해소되면 불법체류자의 신세로 전락하는 등, 매우 불안정한 상태에 놓여 있다. 심지어 어떤 남편은 다른 부인을 얻겠다며 나가라고 부인을 내쫓아 놓고 가출신고를 해서 불법체류자로 만드는 일도 있다. 일 년마다 비자를 갱신하게 되어 있는데, 비자 연장할 때 신원보증은 남편이 하기 때문에 남편이 비자 연장을 무기로 삼아 이주여성을 억압한다. 2년 후 취득할 수 있는 국적도 남편이 동행해야 가능하기 때문에 국적법 역시 남편에게는 무기가 된다. 어떤 경우는 아이를 낳아도 국적신청을 안 해주는 일도 있다. 사정이 이러니만큼, 이혼한다 할 때, 양육권을 얻어내는 것은 하늘의 별따기다. 우리 센터의 경험에 의하면 대부분의 국제결혼 여성인권문제는 국적을 취득하기 전에 발생한다. 국적 취득을 통한 체류만이 아니라 억울하게 내몰리는 외국인 아내의 인권과 생존권 보장을 위해 한국에서 살 수 있도록 하는 체류와 노동권을 보장해야 할 것이다.

그나마 정부는 국제결혼 한 이주여성들의 처지를 고려해서 국적을 취득하기 전에 남편이 죽거나 실종됐을 때, 미성년자를 부양할 때, 남편의 귀책사유에 의해 이혼이나 별거를 할 때, 귀화 자격을 주도록 자격요건을 완화했다. 문제는 귀책사유가 남자에게 있다는 걸 극심한 폭력 이외에는 증명하기 어렵다는 것이다.

(출처: 한국이주여성인권센터)

▶▶ 절반 가까운 다문화가정이 경제적으로 불안정한 상태에 놓여 있는 것으로 나타났다. 재혼가정 비율은 53.4%에 달하고 이전 자녀와의 갈등도 심각한 것으로 조사됐다. 다문화가정 전체의 49.7%가 별거 중이기도 했다. 다문화가정 이혼상담 건수는 2010년과 비교해 37.3% 증가해 다문화가정의 갈등이 심각한 수준에 있다는 것을 알 수 있다.

외국인 아내의 이혼상담 사유 중 '기타 혼인을 계속하기 어려운 중대한 사유(배우자의 이혼 강요, 성격차이, 경제갈등·생활 무능력·폭언 등이 우선순위임)'가 42.2%(171명)으로 첫손에 꼽혔다. 2위는 가정폭력 (32.1%·130명), 3위는 남편의 가출(12.4%·50명)이었다.

한국인 남편의 이혼상담 사유에서는 '아내의 가출'(32.1%·78명)이 1위를 차지했다. 이어 '기타 혼인을 계속하기 어려운 중대한 사유(장기별거, 생활양식 및 가치관차이, 성격차이, 결혼조건 속임·신체적 질병 등이 우선순위임)가 30.0%(73명), '본인이 아내 폭행'은 7.4%(18명)로 집계됐다.

외국인 아내의 본국은 총 648명 중 중국이 342명(52.8%)으로 가장 많았다. 이어 ▲베트남 120명(18.5%) ▲우즈베키스탄 30명(4.6%) ▲러시아 28명(4.3%) ▲일본 25명(3.9%) ▲필리핀 22명(3.4%) ▲태국 13명(2.0%) ▲미국 8명(1.2%) 등의 순이었다.

부부의 연령이 같은 경우는 24명(3.7%), 남성이 연상인 경우는 558명(86.1%), 여성이 연상인 경우는 22명(3.4%)으로 분석됐다. 남성이 연상인 경우는 17~30년 차이가 128명(22.9%)으로 가장 많았다. 31년 이상 차이 나는 경우도 9명(1.6%) 있었다.

결혼 기간을 살펴보면 1년 미만은 10.3%(67명), 1년 이상~2년 미만은 15.8%(102명), 2년 이상~3년 미만은 12.5%(81명), 3년 이상~5년 미만은 9.4%(61명), 5년 이상~10년 미만은 34.4%(223명), 10년 이상은 9.6%(62명)로 나타났다. *(출처: 뉴시스 2012/5/7)*

▶▶▶ 2005년 경남 창원시로 시집 온 베트남 출신 옥린(가명·35) 씨는 이런 어려움을 겪고 있다. 남편의 손찌검을 참지 못한 끝에 2009년 이혼소송을 제기하고 남편과 별거 생활에 들어갔다. 한국 국적은 아직 취득하지 못한 상태다. 옥린 씨는 "남편 잘못이 아니라는 증언을 해 줄 수 있는 사람은 너무 많다"며 "반면 나는 소송을 담당한 변호사가 내 말을 제대로 이해하지 못하는 데다 남편에게 맞고 나서 병원 진단서도 받아 놓지 못했다"고 말했다. 옥린 씨는 또 "남편의 폭행이 시작된 이후 경찰서에도 여러 번 갔지만, 경찰이 내 말을 제대로 이해하지 못해 소용이 없었다"고 말했다.

결혼 후 아직 한국 국적을 받지 못한 이주여성들은 한국을 떠나야 하는 경우가 많다. 국적을 취득한 후라도 생계와 자녀교육 등은 홀몸이 된 이주여성에게는 매우 힘겹다.

국적법에 따르면 한국인과 결혼한 외국인은 2년이 지나야 귀화 신청 자격이 생긴다. 또 귀화 신청 후 허가가 날 때까지 자녀가 있으면 평균 12개월, 없으면 24개월 정도의 기간이 걸린다. 결혼 3, 4년차가 되기 전까지 이주여성들은 '국민의 배우자(F-2)' 비자를 발급받아 국내 체류 자격을 얻는다. 그러나 F-2 비자는 이주여성이 이혼하면 즉시 말소된다. *(출처: 동아일보 2011/2/14)*

▶▶▶▶ 팝송 가수인 필리핀 여성 마리아는 한국의 클럽에서 노래를 하는 줄 알고 연예인 비자로 한국에 들어왔다. 그러나 업주는 노래를 시키는 것이 아니라 지방으로 데려가 성매매업소로 넘겼다. 나중에 알고 보니 가수를 시켜주겠다고 데리고 와서 성매매업소에 넘긴 필리핀 여성들이 많았다. *(출처: 한국이주여성인권센터)*

| 나 눔 |

함께 생각해 봅시다

1. 성매매산업에 노출되기 쉬운 이주여성들을 위해 교회가 할 수 있는 일은 무엇일까요?

2. 이주민이 가장 어려워하는 문화적 차이는 무엇이며 이를 좁히기 위한 노력은 어떤 것이 있을까요?

3장. 그때 그 사람, 그 이름 - 게르솜

배경 이야기

〈출애굽기 2, 4, 18장〉

모세의 가족, 아내 십보라와 두 아들

구약, 신약 성서의 가장 큰 줄기가 되는 대표 이야기는 바로 출애굽기에서 찾을 수 있다. 약하고 서러움 당하는 이들을 구원하는 하나님의 공의와 자비를 가장 극적으로 자세하게 기술한 책이기 때문이다. 그런데 구원사의 대표 주인공인 모세가 어떻게 죽음의 위기를 피해 지도자로 서게 되었는가를 살펴보면 신기하게도 여러 명의 용기 있는 여성들을 볼 수 있을 것이다. "물에서 건져졌다"라는 그 이름이 말해주듯 모세는 갓 태어난 히브리 남자아이들을 강으로 던져 죽이라는 바로 왕의 명령을 따르지 않은 누나 미리암과 그 어머니가 있었다. 또 그를 강에서 건져낸 바로 왕의 딸과 나중에 어른이 되어 결혼한 아내, 미디안 여성 십보라의 도움으로 죽음을 피할 수 있었다.

오늘 우리 이야기는 바로 모세의 조강지처 십보라와 그 아들 게르솜에 대한 이야기이다. 이 이야기를 읽기에 앞서 특별히 관심을 둘 내용은 바로 십보라가 집전한 모세, 그리고 모세 아들들의 할례 예식이다. 출애굽기 4장 25절에 나오는 양피는 바로 할례 결과물, 성기 피부를 가리키며, 발은 남성 성기를 달리 표현한 히브리말임을 이해해야 한다.

비록 자신의 종교 문화 전통이 아니지만, 남편의 종교와 문화를 존중하고, 그 예식이 가진 중요한 의미를 배우고 적극적으로 드러낸 십보라의 용기와 지혜로운 지도력은 오늘 다문화 시대를 살아가는 우리에게 큰 교훈이 된다. 이 이야기를 음미하면 믿음은 단순한 지식 전수와 암기가 아니라 구체적인 의식의 행함을 통해 신앙이 이어지고 뜻이 깊어진다는 걸 깨닫게 한다.

또 한 가지 짚어볼 점은 "이름"에 대한 의미와 중요성이다. 개인과 공동체의 정체성은 바로 이름, 그 이름이 지닌 뜻, 이름 뒤에 숨겨진 가족사, 그리고 전통을 통해 이어지고 또한 온전하게 채워진다고 하면, 한국 이름이 아닌 우리 이웃의 이름에 관심을 두고 주의를 기울이는 실천이 필요하다. 또한, 한국 이름으로 개명하는 과정에서 일어나는 혼란, 상실, 어려움에 대해서도 생각해 볼 기회가 되면 좋겠다.

■ **참고문헌**

Drorah O'Donnell Setel, "Exodus" in Carol A. Newsom and Sharon H. Ringe. ed. *The Women's Bible Commentary*. Louisville: Westerminster/John Knox Press, 1992.

Bruce Chilton, Howard Clark Kee, Amy-Jill Levine, Eirc M. Meyers, John Rogerson, Anthony J. Saldarni, *The Cambridge Companion to the Bible*. 2nd edition. Cambridge University Press, 2008.

독 백

십보라의 아들 게르솜: 그때 그 사람, 그리고 그 이름

모세의 장인 이드로가 모세가 돌려보냈던 그의 아내 십보라와 그의 두 아들을 데리고 왔으니 그 하나의 이름은 게르솜이라 이는 모세가 이르기를 내가 이방에서 나그네가 되었다함이요 하나의 이름은 엘리에셀이라 이는 내 아버지의 하나님이 나를 도우사 바로의 칼에서 구원하셨다 함이더라. 출18:2-4

모세가 길을 가다가 숙소에 있을 때에 여호와께서 그를 만나사 그를 죽이려 하신지라 십보라가 돌칼을 가져다가 그의 아들의 포피를 베어 그의 발에 갖다 대며 이르되 당신은 참으로 내게 피 남편이로다 하니 여호와께서 그를 놓아 주시니라 그때에 십보라가 피 남편이라 함은 할례 때문이었더라. 출4:24-25

제 이름은 게르솜이지요. 제 이름이 특이해서 그럴까요? 저는 다른 친구들이 어떤 이름을 가졌는지, 그 이름의 의미가 무엇인지 항상 궁금하답니다. 그런 관심 때문에 저는 특이한 이름을 가진 아이들과 친구사이가 된 때가 많아요. 거의 확실하게 이름과 관련된 것을 알고 배우다 보면, 각자가 가지는 정체성, 그 친구들이 겪어온 삶의 여정, 이런 중요한 점들을 찾게 됩니다. 마치 보물찾기할 때 지도가 중요한 것처럼, 이름이 정체성 찾기의 지도처럼 중요한 존재 같아요.

아, 제 이름 이야기를 하다가 이야기가 옆으로 샜네요. 제 이름의 의미는 나그네, 외국인, 이런 뜻이에요. 우리 아빠가 그렇게 지어주셨는데, 그렇게 이름을 지은 건 우리 아빠가 그런 나그네 신세가 되어 당신 고향을 떠나 외국에서 우리 엄마, 십보라를 만나고, 제가 유대 땅이 아닌 타국에서 태어나서 그렇대요. 그렇지만, 저는 우리 아빠 고향을 몰라요. 여기 미디안에서 태어났거든요. 아빠에겐 타국인 미디안이 제겐 제일 친숙한 고향이거든요. 그래도 아빠가 태어난 그곳을 가보고 싶어요. 언젠가 가볼 때가 있겠지요? 그런 날이 오길 바래요.

우리 아빤 꽤 유명한 사람이지요. 특히 유대 사람들이 영웅처럼 존경해요. 노예였던 유대 사람들을 이집트 제국 바로의 억압에서 구출했거든요. 그런데 그런 엄청난 존경을 받는 우리 아빠를 저는 거의 보지 못하고 컸어요. 제가 어렸을 때, 우리 엄마랑 동생과 함께 아빠를 떠나야 했거든요. 사실 동생 엘리에셀이 더 불쌍해요. 걔는 정말 아빠의 기억이라고는 별로 없으니까요.

제가 기억나는 것은요. 그래도 기억나는 게 있긴 있어요. 어느 날 우리 가족이 아직도 외할아버지 옆 미디안에 살 때인데 아빠는 이집트로 가자고 짐을 싸기 시작했어요. 아빠의 영웅담은 거기서부터 시작한 거지요. 이집트 제국 바로를 대적하라는 하나님의 음성을 들었다는 거예요. 그러니까 우리는 이집트를 향해 고향을 떠나야 한다는 거지요. 지금 제가 나이도 먹고 철도 들어서 아빠의 그 당시 결정이 이해되긴 하지만, 당시엔 정말 아빠가 정신이 나간 거 아닌가할 정도로 도저히 이해 안 되고, 미웠던 게 사실이에요.

저도 저지만, 우리 엄마가 매우 힘들어하셨지요. 당신 고향, 당신 가족, 익숙한 모든 걸 떠나야 하는 게 당연히 받아들이기 어려웠지 않겠어요? 그래도 우리 엄마는 대단한 사람이에요. 가족은 아랑곳하지 않고, 당신 민족을 구원하는 그 한 가지 생각에 빠진 남편을 무시하지 않고 옆에서 지원하셨거든요. 어떻게 그렇게 했느냐고요? 사건이 있었어요. 도저히 잊을 수 없는 사건이 있었고, 저도 이 사건에 개입되었답니다.

미디안 고향을 떠나 이집트로 가는 길은 꽤 길었어요. 나귀 등에 짐을 싣고 가는 길은 험난했지요. 여느 때처럼 그 사건이 있었던 날도 길가 옆에 있는 숙소를 찾았어요. 숙소랄 것도 없어요. 그냥 장막 하나 치고, 지나가는 나그네들과 짐승들을 쉬게 하고, 눈을 부칠 정도의 쉼터 정도로 생각하시면 될 거예요. 피곤함에 지친 저와 제 동생은 밥 먹고 나서 일찍 잠이 들어버렸던 거 같아요. 근데, 하나님의 영이 나타났대요. 처음에 헛것을 잘못 본 거겠지 하면서 지나치셨대요. 어차피 당신들도 엄청 피곤했으니까 하면서 그냥 지나치려 했는데, 아빠 목이 죄어오면서 위험한 지경에 이르렀대요. 신기한 건, 엄마 머릿속에 어떤 영감이 스치면서 이 상황에 대처할 방안이 떠올랐대요. 위기 상황에서 벌어지는 순간의 지혜라고 해야 할까요? 아무튼, 벼락처럼 떠오른 그 생각은 바로 저랑 제 동생을 위해 할례의식을 해야겠다는 생각이었대요. 그 생각이 채 마치기도

전에, 엄마는 칼을 찾고, 저희 둘 모두에게 할례를 행했지요. 아닌 밤에 홍두깨도 이것보다는 덜 충격적이었을 거예요. 얼마나 무섭고, 아프고, 놀랐는지 몰라요. 다행히 이 충격적인 고통은 엄청 짧았지요. 마치 손가락이 칼에 베인 것처럼 아팠어요. 물론, 손가락 베였을 때 고통보다는 훨씬 아팠지만요. 제 어린 동생은 울다가 지쳐 바로 다시 잠이 들었고요. 저는 오던 잠까지 다 확 깨버려 엄마가 하시는 행위를 옆에서 똑똑히 다 지켜보았지요. 엄마는 저희 몸에서 나온 할례 결과물을 아빠 성기에 대셨어요. 그 후 이상하게도 아빠의 목조임이 풀리면서 괜찮아지시는 거예요. 제 눈에 하나님의 영이 보이지 않아서 어떻게 생겼는지는 모르겠지만, 아무튼, 우리의 할례 사건이 그 영을 물러가게 한 건 틀림없어요.

나중에 엄마에게 이 사건에 대해 꼼꼼하게 물었어요. 제가 살아온 일 중에 잊을 수 없는 몸의 기억이었으니까요. 엄마는 제게 이렇게 말씀해 주셨어요. "네 아빠 모세는 비록 타국이집트에서 태어나 또 타국미디안에서 평생을 살았지만, 유대 사람이란다. 유대 사람은 남자라면 말이야, 태어나자마자 할례를 받는단다. 불행하게도 네 아빠는 부모 없이 크고, 나그네 삶을 살아야 해서, 어른이 될 때까지 할례를 받지 못했지. 하나님의 영이 그때 나타난 건, 할례를 받으라는 뜻이었던 거 같아. 당신 민족을 구원할 사람이 그 민족의 기본 정체성이 되는 할례를 못 받은 상태에서 어떻게 유대인 남자로 인정받고, 더 나아가 지도자로 인정받겠니? 사실 네 아빠는 유대 제사장 레위지파 사람이거든. 할례의식을 행하도록 명을 받은 레위인 출신인 아빠 자신이 스스로 할례를 못 받아서야 말이 되겠니? 그래서 엄마가 그렇게 엉겁결에 할례 예식을 했어. 덕분에, 너희까지 같이했고. 너와 동생은 유대인이자 미디안인이니까."

우리 엄마 멋지죠? 지혜로우시고, 참 생각이 깊으신 분이에요. 그래서 저는 십보라의 아들 게르솜입니다.

우리 엄마가 이런 제사장과 같은 예식을 멋지게 해낼 수 있었던 건 아마 우리 엄마 조상이 제사장 가문이어서 그렇게 할 수 있었던 것 같아요. 개도 삼 년이면 풍월을 읊는다고, 우리 엄마는 제사장이신 외할아버지가 하시는 예식들을 옆에서 보면서 자라셨으니까요. 그 영이 나타났을 때, 그 영이 원하는 게 뭔지를 읽어내는 능력도 사실 우리 엄마가 그런 제사장의 피를 받고 태어나신 분이라서 그런 거 같고요. 비록 피부색도 다르고, 문화, 언어도 다르지만, 우리 아빠와 엄마가 만난 건, 어찌 보면, 그 제사장 가문이라는 공통점이 둘을 부부로 합하게 한 게 아닐까 하는 그런 생각도 하고요.

이런 온갖 사건들, 많은 우여곡절을 겪어 드디어 우리 가족은 이집트에 도착했죠. 더 큰 문제는 이집트에 도착해서였어요. 저는 이제 고생 끝이다 생각했는데, 사실 위험한 여정은 그때부터 시작이었던 거예요. 바로를 대적하는 건 결국 전쟁을 한다는 거였다는 걸 거기 가서야 알게 된 거지요. 이런 위험한 상황에서 아빠의 따뜻한 보살핌은커녕, 우리 아빠는 거의 우리 삶에서 없는 존재였지요. 우리 아빠는 "그때 그 사람"이 되어버렸지요. 우리 기억에서 지워진….

결국, 엄마는 다시 자신의 고향, 우리가 태어난 미디안으로 돌아가기로 했지요. 그렇게 지독하게 긴 고생을 하며 온 그 길을 다시 돌아가야 하는 건 정말 미치도록 힘든 일이었어요. 그래도, 전쟁을 피하는 길이 우리를 살리는 길이라고 엄마는 믿으셨던 거 같아요. 그리고 당신이 없어도 남편 모세가 형 아론과 누나 미리암, 가족의 도움과 다른 지도자들과 함께 바로를 대적할 수 있다고 확신한 거 같았어요. 아빠는 미안해하셨지만, 당당하고 강한 엄마를 믿는다고 하시며 우리 가는 길을 막지 않으셨지요. 다행히 동생도 혼자 걸을 수 있는 나이가 되었고, 저도 엄마를 도와 짐도 들고, 들판에서 먹을 것도 캐고 할 정도로 쓸 만한 아들(!)로 변해 있었고요. 이렇게 오랜 시간, 우리는 걷고 걸어 이드로 외할아버지가 계신 곳으로 무사히 왔어요. 그리고 지금도 여기서 살고 있습니다. 십보라의 아들, 장남 게르솜으로요.

　이런 엄청난 이주의 경험, 고향을 떠났다가 전쟁을 피해 다시 고향에 오게 된 제 경험 때문인지, 비슷한 경험을 한 이들을 많이 만나게 되고 그들의 이야기를 많이 들었습니다. 이름 때문에 알게 된 수많은 각기 다른 삶의 고난을 겪은 우리 친구들 이야기를 들으면서, 그래도 우리 엄마는 엄청 운이 좋은 분이시다 생각해요. 남편 없이 아이들을 키우는 한 부모셨지만, 든든한 할아버지가 있었잖아요. 저희도 아빠의 존재 없이, 아니, 유명한 아빠의 소문이 그늘처럼 덮쳐서 외로움을 더하긴 했지만, 우리를 보살피고 우리 곁에 있었던 할아버지와 이모들이 있어서 저희도 불행한 삶을 살았다고 말할 순 없을 거 같아요.

제 주변 친구들 엄마의 이야기를 들어보면, 얼마나 가슴 찢어지게 힘든 이야기가 많은지 몰라요. 전쟁 때문에, 가뭄, 기아, 가난 때문에 고향을 떠나야 하는 이야기, 여기가 고향이지만, 피부색과 언어가 달라서 타인처럼 취급당하는 이야기, 일자리 때문에 가족이 생이별해서 떨어져 사는 이야기 등 셀 수가 없답니다.

제가 이름으로 오늘 이야기를 시작했지요? 그러니까 이름으로 이야기를 마칠까 합니다.

게르솜, 나그네, 이 의미가 저의 정체성을 다 설명해 주는 걸까요? 그렇지 않습니다. 타국에서 아들을 본 아빠 때문에 지어진 이름, 그러나, 그 이름은 사실 제 삶을 완전하게 반영하지는 않지요. 내가 지금 사는 곳이 타국이 아니고 그 이름을 지어준 아빠랑 같이 사는 것도 아니니까요. 무엇보다 저는 아빠의 아들로 불리는 걸 싫어하고 엄마의 아들, "십보라의 아들 게르솜"으로 불리고 싶으니까요. 우리 엄마의 용기, 인내, 그리고 제사장적 지도력, 사랑과 보살핌이 아니었음 저와 제 동생은 아마 이 세상에 없거나, 어디서 정처 없이 헤매고 있을 거니까요.

그렇지만, 아빠가 지어준 이 이름이 한 가지는 잘 설명해주는 것 같아요. 그건 바로, 우리 삶을 지탱해주고, 엮어주는 오늘의 현실은 바로 이주, 고향을 떠나 살아가야 하는 타국에서의 삶이라는 걸요. 내 주변에 이렇게 특이한 이름들이 많은 거 자체가 그 증거 아니겠어요? 참 이상한 건, 제가 태어난 고향 미디안에 다시 왔는데, 고향이 고향 같지 않더라는 거죠. 왠지 낯설고, 불편한 그 느낌, 딱히 이성적으로 설명할 수 없지만, 고향이 타국 같은 느낌이 들더라고요. 내가 태어난 미디안도 어찌 보면 완벽한 고향은 아니구나 하는 생각이요. 고향, 고국을 떠나 이주해 본 경험이 있는 분들은 제가 무슨 이야기하는지 이해가 가실 거예요.

그래서 우리 아빠 모세를 더는 미워하지 않아요. 제 이름을 통해 인생의 귀한 가르침을 주신 분이 우리 아빠이시니까요. 나중에 할아버지 덕분에 광야에서 다시 아빠를 만났을 때 날 몰라라 했던 아버지에 대해 화가 아닌 화해와 용서의 마음이 생기는 것 있죠? 우리 가족의 생이별은 사실 아빠만의 탓이라 아니라, 크게 보면, 세계화, 제국의 문제, 정치적이고 경제적이고 종교적인 문제로 봐야 한다는 걸 이제는 알 것 같아요. 한 민족이 다른 민족을 억압하고 통제하는 현실, 그 큰 관점에서 저의 가족사도 연결되어 있다는 걸요. 그렇지요?

큰 강물이 처음부터 큰 강물이 아니라 여러 작은 줄기들이 엮이고 모여 큰 강물이 되었잖아요. 이렇게 다양한 이주의 강줄기 이야기가 흩어지고 다시 모이고 모여 큰 세상의 강줄기가 되는 그런 이주의 세상이 되는 것을 기대해 봅니다.

여러분 주위를 한번 보세요. 그리고 그 이웃들의 이름에 관심을 가져보세요. 작은 하나하나의 이야기가 사실 큰 세상의 이야기를 보여주는 거울이니까요.

사 례

▶ 100년 전 한국의 독립운동을 위해서 세운 중국 길림성의 유하현 완전중학교는 조선족 이주로 학생들이 줄면서 유일하게 남은 학교다. 지난 7월 이 학교를 졸업한 학생 수는 50명으로 갈수록 그 수가 줄어들고 있다.

아이들에게 벌어지는 일은 부모와 관련 깊다. 신문 「한겨레」가 이 학교 초 중 2학년 27명을 설문조사한 결과, 부모와 함께 사는 학생은 5명(새 부모 포함)뿐이었다. 혼자 사는 학생은 3명이었다. 나머지는 조부모 또는 편부·편모와 살고 있다. 27명 학생의 부모 54명 가운데 36명이 한국으로 돈 벌러 고향을 떠났다. 부모들은 자식 때문에 고향을 떠나며 자식의 교육·결혼 비용을 대려면 목돈이 필요하기 때문이라고 한다. 하지만, 아이들 생각은 조금 다르다. "돈 필요 없어요, 집으로 돌아오세요." 부모가 떠나면 아이들 정서와 성적은 물론 생활의 각 방면에 두루 좋지 않은 영향을 준다는 것이다. 격변의 현대사 속 다시 디아스포라를 겪는 조선족의 한 단면이다.

(출처 http://www.jubileekorea.org)

▶▶ 결혼 이주 여성들이 국적 취득 후 한국 이름을 갖는 사례가

증가하고 있다. 법률구조공단에 지난 4월부터 7월 말까지 접수된 결혼 이주 여성 관련 구조신청 건수(전산프로그램 검색 추정치)는 395건으로 이 중 252건이 성·본 창설과 개명에 대한 요청이었다. 결혼 이주 여성들의 개명을 지원하기 위해 무료 지원에 나서는 지방자치단체도 늘었다.

실제로 '다누리 콜센터'의 통·번역 서비스를 제공하는 결혼 이주 여성 9명 중 4명이 한국 이름으로 개명을 마친 상태였다. 이 중 캄보디아에서 5년 전에 한국에 온 김은주(30)씨는 원래 이름 펭김렝을 한국 사람들이 발음하기 어려워하고 남편도 "이름을 바꿔야 정말 한국 사람이 된다"고 권유해 개명을 결정했다. 그는 "이름을 바꾸니 한국에서 생활하기가 이전보다 훨씬 편하다"며 "캄보디아에 가면 캄보디아의 이름이 있고 한국에서는 한국 이름이 있다고 생각해 전혀 아쉬운 점 없이 편하게 쓰고 있다"고 밝혔다.

결혼 이주 여성 개명의 가장 큰 이유는 직장 동료, 동네 주민들이 이름을 부르기 어려워하고 한국 생활을 하면서 여러 가지 서류나 인터넷 등의 가입이 불편한 경우 등이다. 특히 아이가 엄마 이름 때문에 놀림을 받을까 봐 우려하는 것도 큰 이유였다.

이주 여성들의 개명은 선택 사항이지만 이들이 개명 시 가장 어려워하는 것은 성·본 창설이었다. 외국인이 한국의 성·본 제도와 역사를 이해하기도 어렵지만, 그것을 새롭게 만들어야 하는 어려움도 있었다. 기존의 성·본을 그대로 쓰거나 자신이 사는 지역을 토대로 새로운 성·본을 창조하기도 한다. 그러나 대부분의 결혼 이주 여성들이 개명 이후에도 의미를 잘 모르는 사람들이 상당수이며 기존의 성·본을 그대로 가져와 쓴 사례를 듣고 전통을 중시하는 모 종친회에서 항의하는 일도 발생하고 있어 이에 대한 보완이 요구된다.

(출처: 여성신문 2012/5/4)

▶▶▶ 엄마가 당당해야 그 자녀도 당당하게 자신감을 느끼고 자랄 수 있다. 그런데 여성결혼이민자들은 한국문화를 모른다고 해서, 또는 한국어가 서툴다고 해서 가족들이 무시하는 경향이 있다. 심지어 아이가 옹알이할 때도 엄마 나라 말로 받아주면 아이가 한국어를 할 줄 모르게 된다고 못하게 해서 속상해하는 여성들도 있다. 아이들은 잠재적 능력이 많다. 이중언어를 사용할 능력도 갖추고 있다. 엄마 나라의 언어도 존중해주고 이것 역시 자산으로 삼을 수 있어야 다문화 가족이 풍부해진다. 흔히들 다문화가정의 엄마가 한국어를 모르기 때문에 아이들이 학습장애에 걸린다고 착각을 한다. 엄마가 농아라고 해서 그 자녀가 농아가 되지는 않는다.

MBC 다문화 희망프로젝트 프로그램 '우리는 한국인'-흑산도 연길댁 성금씨와 섬마을 아이들 편이 시청자들에게 훈훈한 감동을 주고 있다. MBC「우리는 한국인」에서는 흑산도의 부속 섬, 대둔도에 사는 조선족 출신의 연길댁 김성금씨의 사연을 소개했다. 방송에 소개된 김성금씨는 한국인 남편과 국제결혼, 현재 세 아이의 엄마, 며느리 등으로 바쁜 일상을 보내고 있다. 그런 성금 씨에게 고민이 생겼다. 자녀들에게 '엄마의 나라'인 중국을 알려주고 싶지만 세 아이는 관심을 보이지 않는다. 때마침 전교생 11명인 아이들의 학교에서 상하이에서 개최된 세계박람회 관람을 위해 중국 수학여행을 기획하게 됐다. 성금씨는 이번 기회에 어머니의 나라를 알려주고 싶다는 취지에서 자원해서 아이들의 전담 통역사 역할을 자처하게 된 내용이 소개됐다. 이러한 사례를 통해 국제결혼을 통해 한국에 정착한 외국인들의 모습을 소개하고 당당한 사회 일원으로 동참하는 계기가 되었으면 한다. *(출처: 경북 문화신문 2010/11/4)*

나 눔

함께 생각해 봅시다

1. 이주민들이 한국 이름으로 개명하는 것에 대해 어떻게 생각하나요?

2. 이주여성의 경우, 자녀가 어머니 나라에 대해 더 알 수 있게 하는 방법에는 어떤 것이 있을까요?

4장. 자신보다 하나님의 백성과 가족 - 라합

배경 이야기

〈여호수아2,6장/마태복음1장/히브리서11장/야고보서2장〉

여리고 성에 들어간 이스라엘 정탐꾼들을 구한 라합

역사비평적인 방법론에 따라 성서를 해석하기 전까지만 해도 이스라엘민족이 이집트의 노예에서 해방되어 하나님이 약속하신 땅, 가나안으로 들어갔다고 하는 성서의 증언은 의심받지 않았다. 여호수아에 의한 가나안 정복수1-12장은 무력에 의한 것이었으며 그 이면에 하나님의 초월적인 도움이 있었다는 사실이 그대로 믿어졌다. 그런데 성서비평학이 확립되면서 이스라엘의 가나안 정복에 대한 견해가 다양하게 대두하였다. 우선 성서 내부의 불일치에 관한 점이다. 신앙의 관점에서는 가나안에 대한 완전한 정복으로 이야기되지만, 사실 역사비평적인 관점에서는 이주설이나 가난한 농민에 의한 혁명설, 가나안 내부에서 일어난 부족들 간의 사회종교적 결집설 등에 더 무게를 두게 되었다. 지금까지 발견된 고고학적 근거는 팔레스타인에서 이집트의 유물이 거의 발견되지 않으며, 발견된다 하더라도 아주 미미하다는 점이다. 이스라엘이 가나안 내부에서 형성되었다는 주장은 주전 14세기에 크게 성장했던 가나안의 도시 라스샤므라우가릿에서 발견된 것에 따른 것이다. 그 문서에 나타난 종교사상과 구약성서의 내용에 많은 유사점을 비롯해 구약의 히브리어와 당시 우가릿 언어 역시 유사한 구조로 이루어져 있고, 둘 사이에 음과 뜻이 같은 단어가 많이 발견되는 점으로 미루어 볼 때 가나안의 생활과 이스라엘의 초기 생활은 이질적이라기보다는 같게 여겨졌을 가능성이 있어 보인다.

그럼에도 '하나님의 완전한 승리'라는 관점에서 믿음을 더욱 굳건히 하게 하는 본문임을 부정할 수 없다. 이를 쓰고 읽고 해석한 많은 역사를 통해 그것은 증명되기 때문이다. 히브리어 '헤렘'이라고 하는 전쟁 후 적군을 완전히 '전멸' 시키는 것에 대해 타민족에 대해 인정도 사정도 봐주지 않는 배타성을 드러낸다. 하지만, 이를 문자적으로만 이해하고 오늘에 적용시켜서는 안 되고 이와 같은 가나안 땅에서의 헤렘법의 적용은 모압 평지, 싯딤광야에서 일어난 우상숭배사건을 기억하며(민25장) 다른 외국인과 접촉하면서 야훼 하나님 신앙에 혼합을 일으키는 것을 막으려는 당시의 제사장적 권고임을 알아야 한다.(신20:18) 전혀 물리적인 침입이나 전쟁이 아닌 제사장을 선두로 여리고성 주변을 밟으며 걷고 나서 성이 무너진 내용을 통해 하나님의 승리를 박진감 넘치는 영상으로 그려볼 수 있게 한다. 그러나 이를 영적 전쟁이라는 개념으로 표현하면서 소위 '땅 밟기 운동'의 기원이 된 것을 지적하고 싶다. 특정 사회와 비그리스도인을 대상으로 어두운 영들의 지배를 받는 것으로 간주하여, 그 영들을 대적하고 결박하는 적극적인 대응 형태로서 땅 밟기 기도, 땅 밟기 선교 등이 더욱 일반화되었다고 할 수 있다. 그 배경에는 기독교 우월주의가 있어 또 다른 타자, 타종교, 타민족에 대한 차별, 공격, 폭력을 정당화시킬 우려가 있으므로 반드시 바로잡을 필요가 있다.

여기서는 여리고성이 무너지기 전에 일어난 한 사건에 주목한다. 여호수아가 가나안의 한 도시인 여리고성을 정탐하러 보낸 정탐꾼들과 라합 사이에 일어난 이야기이다. 기생으로 여리고에 살고 있던 라합, 그러나 하나님을 신뢰해 정탐꾼을 숨겨 주고 도망가게 도와준 외국 여성이었다. 자기 민족을 배신하면서까지 찾고자 했던 것은 무엇일까? 자신과 가족을 살리게 한 라합은 단순히 기생, 창녀로 몸을 파는 여성이 아닌 오히려 가족을 부양하려고 어쩔 수 없는 상황에 부닥친 한 사람으로 보인다. 또한, 하나님의 큰 역사에 중요 역할을 할 수 있었으며 결국 예수의 선조가 된 여성이다. 이로써 비난하고 배척해야 할 대상이 아닌 비록 외국 여성이며 천한 신분을 가졌다 하더라도 하나님의 구원의 손길은 그를 외면하지 않으셨다는 것을 기억해야 한다. 자신의 생명보다 가족을 위한 그녀의 노력에서 오늘날에도 가족을 위해 희생하는 이주여성들의 팍팍한 삶을 엿보게도 한다.

신약성서 히브리서에서도 믿음의 대표적 인물로 소개하면서 이삭의 어머니 사라 외에 유일하게 라합을 포함하고 있다.히11:31 이 본문은 의도적으로 여성 드보라 대신 남성 바락을 넣고, 그 외 성서에 등장하는 믿음의 여성들에 대한 언급은 하지 않은 것과 비교된다. 이에 대한 비판보다는 지금까지 여리고성의 정복에 초점을 맞추어 온 것에 대해 타민족에 대한 연민과 믿음의 한 공동체로 이끈 외국 여성, 라합을 이해할 수 있어야 하겠다.

■ **참고문헌**

로이스 마리아 윌슨. 『흔히 들을 수 없는 성서의 여성 이야기 1』, 원금자 역. 서울: 여성신학사, 2003.

Paula Clifford, *Women Doing Exellently*. Norwich: Canterbury Press, 2001.

Musa Dube, *Postcolonial Feminist Interpretation of the Bible*. St. Louis: Chalice, 2000.

독 백

자신보다 하나님의 백성과 가족을 위해 헌신한 라합

여호수아가 기생 라합과 그 아비의 가족과 그에게 속한 모든 것을 살렸으므로 그가 오늘날까지 이스라엘 중에 거하였으니 이는 여호수아가 여리고를 탐지하려고 보낸 사자를 숨겼음이었더라. 수6:25

나는 여리고에서 태어나고 자랐어요. 많은 전쟁을 직접 경험하기도 했고요. 사람들이 왜 이리도 욕심이 많을까, 왜 잘 사는 사람은 계속 잘 살고 못사는 사람은 죽을 때까지도 힘들어해야 하는가에 대한 나름 고민이 많았던 청소년기를 보냈어요. 왜냐하면, 소위 빽도, 돈도 없는 우리 집이었으니까요. 그래서 신하나님에 대해 공평하지 않은 분이라고 생각했어요. 열심히 일해도 그 대가는 나에게 늘 적게 돌아오는 것처럼 느껴졌기 때문이에요.

그런데 누가 나에게 이스라엘의 하나님에 대해 알려 주었어요. 이집트가 이스라엘을 지배하고 있을 때, 그 고통 속에 있던 이스라엘 사람들에게 자유와 해방을 주었다고요. 그들은 하나님이 약속하신 땅을 향해 믿음을 갖고 나아가고 있다고요. 처음에는 이해되지 않았지만, 그 하나님을 나도 믿고 싶은 생각이 들었어요. 나에게도 그런 자유와 해방이 있었으면 했거든요. 사실 나는 부유하지 않은 우리 집에 짐이 되기 싫어 일하고 있었지요. 여관 같은 곳이었는데요. 여기서 손님이 오면 잠자리를 제공하기도 하고 손님을 대접하기도 해서 사람들이 나를 기생, 창녀라고 생각했답니다. 처음에는 속상하고 어떻게든 사실을 알리고 싶었지만, 점점 지치더라고요. 이미 굳어진 사고를 깨기가 어렵다는 것을 알고 포기했어요. 사실 뭐 어떻게 생각하든 상관없었어요. 나는 정당한 일을 하고 번 돈으로 우리 집에 도움을 줄 수 있었거든요. 가족 모두가 나만 바라보는 것이 부담스럽기도 했지만, 내가 가족을 위해 할 수 있는 일이 있어 다행이란 생각도 했지요. 그런 와중에 나에게 확실한 한 사건이 일어난 거예요.

하루는 집에 있는데 이스라엘 정탐꾼들이 찾아왔어요. 그들의 말투와 행동은 내가 지금까지 봐온 여리고 남자들과는 많이 달랐어요. 늘 거만을 떨고 여자를 무시하는 여리고 남자들과는 달리, 이분들은 인격적으로 나를 대해줬고 하나님의 뜻을 진지하게 수행하는 것처럼 보였어요. 그러나 상황이 좋지 않았죠. 미리 정보를 알고 정탐꾼들을 잡으려고 내가 일하는 곳까지 온 것이에요. 나는 진심으로 이들의 안전이 걱정되었어요. 결국, 여리고 왕이 보낸 사람에게 거짓말까지 하며 이들을 살려주고 싶은 결심이 서더라고요. 사실 내 나라가 먼저라고 생각할 수 있는데, 나에게는 그동안 작지만, 하나님에 대한 믿음이 생겼었나 봐요. 무엇을 바라고 한 것은 아니었어요. 그래도 하나님의 사람들인 그들이 언젠가 이곳을 오게 되면 우리 성은 온전하지 못할 것이라는 확신이 들더라고요. 그랬을 때 우리 가족 모두 죽는 것은 아닌가 하는 두려움이 밀려들었죠. 아주 긴박한 상황이었는데도 나는 가족 모두를 구해달라는 부탁을 했어요. 나 혼자 살아 이스라엘 신앙을 갖는 것이 아니라 우리 가족 모두가 구원받았으면 한다고요. 어떻게 그런 용기가 나왔는지…. 하지만, 그들은 신속하고도 친절하게 우리 모두의 생명을 약속해 주었답니다. 붉은색 줄을 집 밖으로 보여주면 그 집은 피해 가겠다고요. 마치 이스라엘 민족이 이집트를 나오기 전 있었던 열 번의 재앙 중 마지막 재앙에서 맏아들이 죽임을 당한 것이 생각났어요. 맏아들이 죽지 않게 하려고 양을 잡아 그 붉은 피를 문설주대문 틀에 발라 놓았을 때 죽음의 영이 그 집을 피해 갔던 것 처럼요. 이스라엘 민족뿐 아니라 하나님을 두려워 한 이집트 사람들도 이처럼 했을 때 맏아들의 죽음을 면할 수 있었다고 들었어요. 과연 그대로 지켜질까 궁금하기도 하고 기대도 되었던 게 사실이에요.

 그들은 안전하게 되돌아갈 수 있었고, 시간이 지나 이스라엘 사람들은 우리 성으로 들어왔어요. 난 전쟁이 임박했음을 직감했죠. 그리고 지난번에 말한 대로 집에 있는 붉은색 줄을 집 창문 밖으로 내려 우리 집이란 것을 보여 줬어요. 그런데 큰 전쟁은커녕 그들이 한 것이라곤 여리고 성을 하루에 한 번 도는 게 전부였어요. 참 어이가 없었어요. 강한 군사력을 가지고 우리 여리고 군인들과 대항해도 모자랄 판에 그저 말없이 성을 돌기만 하다니…. 걱정이 되더라고요. 나뿐 아니라 부모, 형제, 자매 심지어 친척들까지 우리 집에 오라고, 그래야 살 수 있다고 말했는데, 거짓말이 될까 봐서요.

내 말을 듣고 순순히 우리 집으로 오기나 할까 하는 생각에 여리고 성을 도는 이스라엘인을 지켜보는 내내 가슴이 조마조마했지요. 그러나 그렇게 시간이 흐르면서 의심과 절망은 기대와 소망으로 바뀌게 되었답니다. 칠일 째 되는 날 그때도 전날과 마찬가지로 이스라엘 사람들이 성을 도는데, 일곱 번을 돌고 크게 외치자 성은 와르르…. 한순간에 무너진 거예요. 어떻게 그런 일이 있을 수 있을까요? 하나님이 하신 일이기에 가능했겠죠? 나중에 들으니 하나님이 지시한 것을 믿음으로 이스라엘 백성이 순종한 거라고 하더라고요. 역시 그럼 그렇지. 이렇게 안도하게 되었죠.

나와 내 가족 모두는 어떻게 되었느냐고요?

창문 밖으로 내 놓은 빨간 줄을 이스라엘 군인들이 기억했어요. 그리고 우리 집은 그 약탈과 전쟁의 소용돌이에서 안전하게 비켜갈 수 있었어요. 마치 이집트를 나오기 전 마지막 열 번째 재앙인 장남이 죽어나가는 속에서도 문설주에 양의 피를 발라놓은 집은 죽음을 피할 수 있었던 것처럼 우리 집이 유일하게 건너뛴 집이 된 것이죠. 하나님께 진정으로 감사의 기도를 드렸답니다. 우리 가족 모두가 많은 것을 잃었지만, 가장 귀한 것, 믿음을 얻게 된 것을요. 물론, 처음부터 갖게 된 믿음은 아니에요. 내 가족, 내 형제지만, 내 말을 믿지 못하고 어떻게 되나 보자 하면서 기세등등하게 이 일을 지켜본 이도 있었답니다. 물론 그렇죠. 내가 한 일이 어떻게 보면 동족을 배신하고 나라를 잃을 상황으로 몰아간 것이니까요. 하지만, 난 확신해요. 그런 용기와 지혜가 나에게서 온 것이 아닌 하나님께 왔다는 것을요. 불평등과 부정의를 깨고 평등세상, 정의와 평화의 세상을 보여 주시려는 하나님의 뜻을요. 지금의 나는 형제자매보다 더 가까운 이스라엘 이웃과 부모 이상으로 나를 잘 알고 사랑하시는 하나님 덕분에 참 행복하답니다. 내가 비록 이주 여성으로 살고 있지만, 불합리하고 불평등한 사회에서 적어도 하나님의 정의가 무엇인지 알 것 같아요. 돈이나 땅, 물건이 중요한 것이 아니라 사람에 대한 가치, 더불어 살아가는 힘에 대해서도요.

후기 : 그 믿음은 이스라엘 사람 살몬과 결혼해 낳은 아들 보아스에게 전해 주었고요. 보아스는 나중에 모압 여성 룻을 편견 없이 아내로 받아들였답니다.

사 례

▶ 제3세계 여성과 결혼하는 대다수의 한국 남성들은 경제적으로 불안한 위치에 있는 사람들이다. 결혼의 목적이 가족의 생계와 새로운 삶을 개척하는데 두고 한국에 와보니 생활이 어렵다. 일정한 직장이 없는 때가 많고, 다달이 부모님께 돈을 부치기는커녕, 심지어 남편이 결혼하려고 진 빚까지 갚느라 값싼 노동력으로 일터로 내몰리는 일도 있다. 결혼으로 한국에 들어오면, 취업이 금지되기 때문에 일을 비공식적으로 할 수밖에 없어 저임금 노동시장으로 내몰릴 수밖에 없다. 일부 여성들은 아르바이트해서 고향의 부모님께 돈을 부치는 일도 있는데, 이것도 용납이 안 되어 싸움의 원인이 되기도 한다. 아이를 낳을 경우, 병원에 갈 돈조차 없는 여성들도 있다.

(출처: 한국이주여성인권센터)

▶▶ 아픈 남편과 가족을 부양하려고 네팔에서 이주해 온 건천, 월급 70만 원을 받고 하루 14시간 노동을 하다 결국 척추디스크에 걸려 병원 신세를 지는 우즈베키스탄 출신 에글, 임신 8개월의 몸으로 한국에 와 아이를 위탁소에 맡기는 고통을 감수하며 돈을 벌

어야 하는 루마니아 여성 가브리엘라 등은 경제적 이유로 타국에 왔고, 어느 정도 돈이 모이면 곧 고향으로 돌아가길 소망한다. 또 남편과 시댁의 냉대로 7년의 결혼생활 끝에 아들 둘을 빼앗기고 이혼한 파키스탄 여성 솜제이, 남편에게 가정부 취급을 당하다 때리며 끌어내는 남편에게 아픈 몸으로 내쫓김을 당한 중국 여성 미화, 남편의 의처증과 폭력으로 집을 나왔다가 용서를 비는 남편의 설득을 불안한 마음으로 받아들인 중국 여성 금월 등은 모두 한국 남자와 결혼해 고통스러운 결혼 생활을 경험한 여성들이다. 이들은 모두 단지 국적과 피부색이 다르고 가난한 나라에서 왔다는 이유로, 거기다 여성이라는 이유로 삼중의 차별을 받으며 살고 있다.

(출처: 여성신문 2005/2/11)

▶▶▶ 공연예술 비자로 들어 온 여성들은 성매매 현장으로의 유입이 심각하다. 성매매로 유입된 이주여성 대부분이 여권을 업주에게 압수당하고, 나체쇼나 성매매를 강요당하고 화대를 착취당하며 위협이나 협박, 구타, 강간 등의 폭력 피해를 보고 있다. 피해 신고를 할 경우 성매매방지법 적용을 받는다 하더라도 불법체류일 경우 조사가 끝나면 귀국조치 되기 때문에, 또는 범죄조직의 협박이 두려워 신고하는 것을 포기한다. 이들 중에는 가족의 생계를 위해 성매매인 것을 알면서도 택한 여성들도 있는데, 빈곤의 여성화통계를 보면 경제적으로 어려운 이들 중 여성의 비율이 3배나 높아 빈곤위험도가 높다가 빚어낸 폭력이다. 최근에는 주한미군이 성 산업 이주여성과 결

혼을 하는 때가 있는데 결혼하면 가족수당을 받고 고정적인 섹스상대가 생기기 때문이다. 그런데 임기가 끝나면 이주여성 몰래 도망가듯 미국으로 가버리기 때문에 그 미군과 결혼한 이주여성은 공중에 떠버리는 신세로 전락해서 어쩔 수 없이 성 산업 업소로 돌아가야 한다. 코리안 드림을 안고 와서 아메리칸 드림을 가졌다가 이러지도 저러지도 못하는 난감한 신세가 되어버린다.

(출처: 한국이주여성인권센터)

▶▶▶▶ 한족 출신 이주민 송 씨는 남편에게 영농 일을 조금씩 배워 경영을 책임지는 여성 농업인으로 성장한 사례이다. 송 씨는 홍천다문화가족지원센터의 주선으로 2년간 결혼이민자 영농기술 교육을 받고 이민자 10여 명을 모아 공동 텃밭 개념으로 각자 200평씩의 '어울림 텃밭'을 만들었다. 지역의 여성 농업인들과 연대해 각자 수확한 농산물을 모아 병원과 학교, 또 여러 도시의 소비자에게 직접 판매했다. 이어 태국 고추와 베트남 야채 등 결혼 이민자들이 모국에서 가져온 씨앗으로 다국적 채소를 재배했다. 이와 같은 '어울림' 영농 상표는 전국의 농가에 알려지기 시작해 농촌 지역의 결혼 이주여성들에게 일자리 창출을 위한 영농사업 및 소득 증대 아이디어를 제공해 준 셈이 됐다.

(출처: 한국가톨릭노인복지협의회 http://www.kcoo.or.kr)

나눔

함께 생각해 봅시다

1. 이주민의 도움이 우리나라 산업발달에 어떤 영향을 주었는지 찾아봅시다.

2. 다른 종교를 믿는 이주민과 그리스도인으로서 우리가 어떻게 신앙을 서로 배우고 나눌 수 있을까요?

5장. 인종의 벽을 넘어 - 룻과 나오미

배경 이야기

〈룻기, 마태복음 1장〉

룻과 나오미의 애절한 관계를 담은 룻기

모압 여성 룻과 이스라엘 여성 나오미의 이야기는 결혼 예식에서 본문으로 쓰일 정도로 많은 이의 사랑을 받고 있다. 자신의 이해보다 시어머니를 모시려는 룻의 헌신과, 그 며느리가 살 수 있도록 물심양면으로 보살핀 시어머니 나오미의 사랑은 신앙이 있건 없건 시대를 넘어서서 많은 독자에게 감동을 주는 이야기임에 틀림없다.

이러한 감동은 이들이 서로 적대시한 민족 출신이라는 점에 더 큰 의미가 있다. 모압 민족과 이스라엘 민족의 적대 관계는 오랜 역사 동안 뿌리 깊게 자리 잡고 있다.민22-24; 신23:3-6 에스라 9장을 보면, 모압 여성을 포함해서 이방 여성과 결혼하는 행위가 얼마나 하나님께 죄를 짓는 행위인지 잘 보여준다. "역겨운 일을 저지르는 이방 백성과 결혼도 하지 않아야 하였습니다. 이제 주께서 분노하셔서, 한 명도 남기지 않고 없애버린다고 해도, 드릴 말씀이 없습니다."스9:14, 새번역 결국 나오미 아들의 결혼은 죽어도 싼 역겨운 일로 이해된다.

이런 배경을 근거로 어떤 성서학자들은 룻기를 유대인의 잡혼 금지 가르침에 반하는 저항의 글로 이해해야 한다고 주장한다. 바빌론 포로기를 거치면서 유대인 순수혈통을 주장하고 고수하는 일이 무의미해지는 포로기 이후 상황에 쓰인 것이라 볼 수 있기 때문이다.

또 한 가지 본 이야기에 도움이 될 배경지식은 바로 시형제 결혼 제도이다. 앞서 다말 이야기를 다루며 언급한 것처럼 신명기 25장에 의하면, 형제가 동거하다가 하나가 죽고 아들이 없으면, 그 남편의 형제가 과부 된 여성을 아내로 취하는 의무를 가르치고 있다.25:5-6 나오미가 1장에서 룻과 오르바를 친정으로 돌려보내려고 애썼던 노력 뒤에는 바로 당신이 늙은 몸으로 아들아이을 낳을 능력이 없고, 설사 아들을 낳는다 하더라도, 그 아들이 자라 룻과 오르바의 남편이 될 때까지 기다리는 건 거의 불가능하기 때문이었다. 결국, 나오미와 가장 가까운 친척이 되는 보아스와 룻을 연결한 이야기 역시 시형제 결혼제도의 연장선에서 이해하면 도움이 될 것이다. 친족 행위로서 그 법을 지킬 의무가 보아스에게 있었기 때문이다. 과연 이러한 시형제 법이 젊어 과부가 된 여성들에게 혜택이 되는지, 아님, 그들을 구속하는 족쇄로 악용되는지는 고민해 볼 일이다. 왜냐하면, 21세기 오늘의 현실도 마찬가지이지만, 성서가 쓰인 당시 상황에서 과부, 고아로 산다는 것, 즉 돌볼 남자, 아빠가 없다는 것은 굉장히 어려운 상황이기 때문이다. 그러나 동시에, 이러한 시형제법이 여성의 안전과 복지를 생각해서라기보다 남자 쪽 집안 후대를 잇는 가부장적 전통을 유지하는 도구로 이용되기 쉽다는 점에서는 비판적으로 볼 필요가 있다.

앞서 창세기의 하갈의 아들 이스마엘 이야기, 그리고 출애굽기에 등장하는 미디안 여성 십보라와 모세의 아들 게르솜 이야기를 나누면서 언급했듯이 이름은 성서를 이해하는 데, 또 등장인물들의 정체성을 살피는 데 중요한 단서이다. 그런 의미에서 오늘 주인공인 룻이라는 이름이 뜻하는 바를 알아보는 것 역시 중요하다. 룻은 히브리어로 '동반자', '친구'라는 뜻이다. 단순히 며느리로서 시어머니를 보살피는 의무의 관계를 넘어서서 나오미 인생의 동반자, 평생 삶을 나누는 친구로서 살 것을 다짐했던 룻의 신실하고 진지

한 결단이 그 이름에서 잘 드러난다. 또 다른 의미로 룻은 '아름다움'이다. 룻의 며느리로서의 미덕 또한 그 이름에서 나타난다고 볼 수 있다. 나오미라는 이름의 뜻은 '즐거움', '기쁨'이다. 룻이 오벳을 낳았을 때, 온 동네가 나오미에게 와서 "나오미가 아들을 보았다!"며 환호한 그 표현이 바로, 나오미의 이름 안에 그대로 담겨 있다. 비록 기근에 고향을 떠나 남편과 아들 둘을 다 잃었던 불행한 나오미였지만, 자기 이름 속에 살아있는 기쁨의 정체성 덕분에 어려움을 헤치고, 며느리와의 동반자 삶을 살면서 손자까지 볼 수 있었던 것이 아니었을까 하는 상상을 할 수 있다.

마지막으로 기존의 관습이방인 잡혼 금지, 고부간 갈등을 넘어서서 훌륭한 동반자적 관계로 우리에게 모범이 되는 룻과 나오미의 삶을 제대로 이해하려면, 바로, 이들이 처한 지리적, 정치적, 무엇보다 경제적 상황을 볼 수 있어야 한다. 다시 말하면, 그들의 상황이 그들을 용기 있고, 과감하고, 아름다운 삶을 꾸리도록 몰았다는 점이다. 만약, 기근이 아니었다면, 나오미 가족은 굳이 자기 민족이 적대시하는 모압까지 이주하지 않았을 것이다. 룻이 죽느냐 사느냐 생존의 문턱에 서지 않았더라면, '모압 여성은 이스라엘 남자들을 유혹하는 위험한 자'라는 인종차별과 성차별을 감수하면서 굳이 베들레헴에 정착하지 않았을 것이다. 더 나아가 룻이 경험한 것처럼, 선입견으로 채색된 인종차별의 현실과는 다르게, 자신을 이해하고 받아들여 주는 이웃의 환대가 있다는 점을 깨닫게 된다. 구체적인 관계를 형성하고 서로 알고자 존중하고자 하는 그 노력 가운데, 하나님의 놀라운 은혜와 축복이 함께 한다는 것을 본 이야기를 통해 배우길 바란다.

■ **참고문헌**

김명현, "아름다운 고부간의 이야기", 『새롭게 읽는 성서의 여성들』 한국여신학자협의회 엮음. 대한기독교서회, 1994년, 150-163쪽.

Amy-Jill Levine, "Ruth." in *The Women's Bible Commentary*, Carol A. Newsom and Sharon H. Ringe, eds. Westminster/John Knox press, 1992, pp. 78-84.

Kwok Puil-lan. *Postcolonial Imagination and Feminist Theology*. Louisville: Westminster/John Knox Press, 2005.

> 독백

인종을 넘어 고부지간이 된 룻과 나오미

너희는 각기 너의 어머니의 집친정으로 돌아가라. 너희가 죽은 자들과 나를 선대한 것 같이 여호와께서 너희를 선대하시기를 원하며…. 내게 어머니를 떠나며 어머니를 따르지 말고 돌아가라 강권하지 마옵소서…. 어머니의 백성이 나의 백성이 되고 어머니의 하나님이 나의 하나님이 되시리니…. 이는 네 생명의 회복자이며 네 노년의 봉양자라 곧 너를 사랑하며 일곱 아들보다 귀한 네 며느리가 낳은 자로다. 룻1:8,16, 4:15

나오미: 어디서부터 구구절절한 제 삶의 이야기를 해야 할지 모르겠네요. 워낙 기막히고 숨 막히는 불운의 연속이었거든요. 내가 살던 고향 베들레헴에 기근이 들었지요. 아무리 버티고 버티려 해도, 허리띠를 졸라매어 살아보려 해도, 계속되는 가뭄에 장사가 없더라고요. 결국, 우리 가족은 옆 동네 모압 땅으로 이주했지요. 아이러니도 이런 아이러니가 없어요. 베들레헴, 내 고향 이름은 "양식의 집"이라는 뜻인데, 그 땅을 상징하는 양식이 똑 떨어져 버리니 결국 그 땅에 의존해서 살던 사람들도 떠날 수밖에요. 모압으로 이주하는 게 쉽지 않았지요. 우리 민족 대대로 싫어하고 무시하던 그

땅에 간다는 생각이 쉽지 않더라고요. 우리 동네 사람들이 우리 가족을 향해 손가락질해댔지요. 저주받은 땅으로 가니 저주를 받을 거라고요. 야훼 하나님을 믿지 않는 사람들과 어울릴 것이니 하나님께서 용서하지 않을 거라고요.

룻: 내 민족을 저주받은 민족으로 내 고향 땅을 저주받은 땅으로 치부하는 이스라엘 사람들을 이해하기 어려웠던 건 사실이에요. 우리 모압 땅은 풍성하고, 우리가 지키는 종교와 전통과 풍요로움으로 가득 차 있거든요. 이런 우리 문화가 부러워서 그런 거 아닐까 이런 생각도 해 봅니다. 나 또한 이스라엘 사람들에 대한 선입견이 없었던 것은 아니지요. 그런데 사랑의 힘이 대단한 거 같아요. 친절하고 부지런한 말론, 시어머니 아들을 만난 거예요. 그리고 어려움을 겪고 여기 와서 새 삶을 꾸리려고 열심히 사는 그 가족의 모습이 아름답게 보였어요. 제 마음을 산거죠.

나오미: 그래요. 우린 룻과 오르바를 만나 행복했지요. 사람이 중요한 거지, 어디 출신이고, 어느 민족인지, 그런 선입견이 중요한 게 아니라는 걸 그 친구들은 우리 가족에게 보여주었어요. 그렇지만, 우리 고향 사람들이 퍼붓던 저주의 손길을 완전히 벗어나지 못했지요. 내 남편 엘리멜렉이 모압에 정착한 지 얼마 안 되어 하늘나라로 가버렸으니까요. 졸지에 외국 땅에서 과부가 된 거지요. '이게 저주가 아니고 뭐겠어?' 하는 생각을 떨치기 어려웠어요. 어차피

고향으로 돌아갈 수도 없고, 이제 모압 출신 며느리까지 봤으니 돌아 가봐야 더 손가락질이나 당할 거 같아서 우리 가족은 정착해서 열심히 살아보려 했지요. 10년을 살아서 이제 허리춤을 풀고 살 만해지니 또 한 번 불운의 기운이 우리 삶 위에 몰아닥쳤지요. 이번에는 두 아들이 세상을 떠나 버렸어요. 귀속의 본능일까요? 왠지 다음은 내 차례라는 생각이 들면서 나 스스로 죽음을 맞이하기 위해서라도 고향으로 가야겠다는 생각이 강하게 스쳐 올라왔답니다.

룻: 남편을 잃은 시어머니를 옆에서 지켜봤기 때문에, 저는 제 남편을 잃었을 때 쉽게 견딜 수 있다고 생각했어요. 그런데 도대체 그게 쉽지 않더라고요. 세상이 만들어낸 제일 힘든 구석으로 몰린 느낌이었어요. 어디에도 의지할 만한 곳이 없구나 하는 생각이요. 소위 제 삶의 바닥을 본 거지요. 그때, 저는 시어머니를 보았지요. 나도 이렇게 힘든데, 당신은 얼마나 더 힘드실까? 만약 나까지 저분을 버리면, 고향 사람들이 억지로 만들어낸 저주의 예견을 내가 달성하게 하는 것과 똑같다는 생각이 들었어요. 그래서 저는 시어머니를 따르기로 했지요. 10년 이상 같이 살면서, 당신 나라 말도, 음식도, 문화도, 심지어 그분이 가진 종교에도 꽤 익숙해졌으니까, 내 고향 모압을 떠나 시어머니 고향에서도 살 수 있겠다는 이상한 용기가 생기는 것이었어요. 하나님의 임재였을까요? 신기하게도 삶의 바닥을 치고 나니까, 죽느냐 사느냐 하는 고비를 맛보고 나니까, 시어머니의 삶이 보이는 거예요. 사람들은 나를 멋진 며느리로

그리지만, 저에겐 우리 시어머니가 삶의 구원자였어요. 당시 시어머니는 물에 빠져 허덕이는 제게 지푸라기 같은 존재였거든요.

나오미: 우리 며느리 룻을 하나님께서 돌보신 게 맞아요. 어디에서 그렇게 당당하고 끈질기게 매달리는 힘이 났는지, 꽤 기가 센 시어머니인 내가 결국 룻을 내치지 못했잖아요. 지나고 생각해보면, 얼마나 이 며느리에게 감사한지 모르겠어요. 룻이 아니었다면, 고향까지 돌아오는 그 여정에서 나는 아마 객사했을 거예요. 길도 힘했지만, 나를 지탱하는 삶의 힘이 거의 무너진 상태였거든요. 무엇보다 동네 사람들이 던지던 저주의 손길이 얼마나 옳지 않은 것인지 깨닫지 못하고 죽었을지도 모르니까요. 내가 하나님께 찬양과 경배를 드리는 가장 큰 부분은 바로 룻과 나의 동반자적 삶을 통해 이웃이 가졌던 편협하고 배타적인 모압인에 대한 생각을 없애게 해준 점입니다. 하나님께서 우리 고부지간을 아름답게 만들어주셔서 빨간색 의심의 안경을 끼고 저희 둘을 보던 그 사람들의 시선을, 그 삐딱한 관점을 바꾸게 하신 그 은혜에 감사드릴 뿐입니다.

룻: 내 고향 모압 땅을 떠나 시어머니 고향 베들레헴으로 오는 중에 저는 시어머니에게 많은 이야기를 들었지요. 주로 안 좋은 이야기였어요. 얼마나 우리 민족을 싫어하는지, 그러니까, 마음의 준비 단단히 하라는 이야기가 대부분이었어요. 더불어 정결 예식, 유대인의 문화와 전통, 제가 지키고 받들어야 할 것들을 배웠고요. 그

런데 신기한 건, 시어머니의 우려와는 달리 베들레헴 사람들은 나를 미워하거나 차별하지 않았어요. 먹을거리를 위해 밭에서 이삭을 주울 때도 일꾼들은 나를 못살게 굴지 않고 이삭을 줍도록 도왔지요. 10년이 넘는 시간 동안 베들레헴 지역이 변한 거지요. 다른 인종, 다른 언어를 쓰는 사람들과 살면서, 편협했던 토박이 사람들의 생각을 넓게 열어준 거 같아요.

나오미: 염려했던 바와는 달리 며느리 룻이 동네 사람들에게 왕따 당하지 않아서 얼마나 다행이었는지요. 세상의 어떤 지독한 편견도 직접 만나 사람을 사귀는 관계를 끊을 수도 없고, 그 관계 때문에 가까워져 마음이 움직이는 걸 막을 수는 없구나 하는 걸 늙은 이 나이에 배우네요. 세상이 만들어낸 벽, 국가를 갈라놓은 국경선도 인간의 정과 돌봄, 연민의 힘을 이길 수는 없다는 걸요. 사실 룻이 내게 대하는 돌봄이 대단하지요. 열녀도 그런 열녀가 없어요. 신앙적으로 말하면, 조상대대로 야훼 하나님을 믿는 나보다 믿음이 더 좋아요. 하는 행위 하나하나가 하나님 보시기에 얼마나 아름다운지 그러니 우리 동네 사람들도 룻을 미워할래야 미워할 수 없는 거죠. 미워하기엔 너무나 사랑스러운 친구니까요. 그래도 우리 사이에 문제가 없는 건 아니었지요. 여전히 먹을거리가 큰일이었어요. 나는 너무 늙어 정말 밥벌이할 능력도 없었고요. 그러던 어느 날 이런 생각이 번뜩 드는 거예요. 이러다가 내가 죽어버리면, 아직 젊은 우리 며느리 룻은 어떡하지? 아무리 능력이 좋아도, 룻 혼자

이방 땅에서 평생 혼자 사는 건 너무 힘들 텐데…. 그렇다고, 다시 모압으로 돌아가는 건 더 힘들지도 모르고… .

룻: 이삭 줍는 일을 한참 하면서 보아스라는 분을 알게 되었지요. 그런데 그분이 시어머니의 먼 친척인 줄은 몰랐어요. 거기다가 저와 결혼할 의무가 있는 분인 줄은 정말 몰랐지요. 지혜로운 우리 시어머니의 권고와 중재가 아니었다면, 오늘의 나는 없었을 거예요. 또 의무가 있다고 모든 남자가 그 의무를 지키는 건 아닌데, 특히나 혼자 된 여성을 돌보는 의무를 잘 지키는 남자는 드물거든요. 근데 보아스는 그 의무를 기꺼이 맡아 지금의 나의 남편이 되었지요. 실제로 보아스 말고, 시어머니와 더 가까운 친지분이 있었거든요. 근데, 그 친지분은 나를 아내로 받아들이지 않았대요. 시어머니까지 모시는 나와 결혼하는 것이 그리 쉬웠겠어요? 이해가 갑니다.

나오미: 인생이 참 야릇하지요. 그렇게도 미워하고 천대하던 모압 민족, 그것도 모압 여성을 통해서 우리 유대 민족 전통이 이어졌으니까요. 룻이 아니었더라면, 엘리멜렉, 말론, 기룐 이제 고인이 된 이 이름들은 유대 족보에서 지워졌을 거거든요. 모압 여성의 자궁을 통해 그렇게 순수혈통을 고수하는 유대민족의 대가 끊어지지 않았으니까 그런 점에서 보면, 순수, 단일민족, 이런 이데올로기는 허깨비라는 생각이 들어요. 다른 이들을 의지하면서 도움을 주고받으면서 살아야 할 우리 삶에 도움이 안 되는 걸림돌이라는 생각이

들어요. 그래서 하나님께서 우리 가족을 모압으로 이주하게 했을까요? 그래서 모압 여성을 며느리로 두고, 그를 통해 제 삶이 은혜를 받도록 했을까요? 죽을 날이 얼마 남지 않으니까 이전엔 상상도 하지 못했던 과감한 생각들이 많이 들고, 과격한 상상도 하게 되고요. 시작에 제 삶을 구구절절한 불운의 연속이라고 했던가요? 그렇지요. 시작은 그랬습니다. 그러나 황혼기, 아니, 저물 날을 맞는 삶의 마지막 휘장을 치는 지금 이 시점, 제 삶은 행복과 기쁨이 넘친다고 말하고 싶네요.

룻: 10년을 넘게 살면서 생기지 않던 아이가 생겼어요. 첫 아이이고 노산이라 잘 낳을 수 있을지 걱정을 많이 했는데, 건강한 아이가 태어났지요. 동네 이웃 사람들은 나보다 더 기뻐해 주었어요. 아들 일곱보다 더 나은 며느리가 나은 아들이라고, 시어머니를 행복하게 하는 멘트를 날리면서, 이웃 여성들은 저를 위해 산후조리용 국도 끓여다 주고, 잔치를 벌여주었지요. 글쎄요. 제가 어떻게 시어머니 마음을 다 읽을 수 있을까요? 그렇지만, 우리 시어머니는 정말 기뻐하셨어요. 그동안 겪은 상실의 아픔, 남편, 아들 둘을 잃고, 다시는 생명의 기운을 느낄 수 없을 거 같은 그 상실감을 없애고도 남을 그 기쁨이 우리 오벳, 아들을 통해 느끼신 거 같아요. 제가 할머니가 되어보지 못해 알 수 없지만, 할머니가 돼서 보는 손주는 자신이 낳은 아이보다 더 예쁘다면서요? 그렇게 보면, 제가 효녀는 효녀인가 봐요. 아들도 없는 시어머니로 하여금 할머니가 되게 만

든 거잖아요? ^^ 제게도 그런 날이 오겠지요? 과연 나는 어떤 며느리를 맞이하게 될까요? 내 민족인 모압 출신도 아니고, 우리 남편의 이스라엘 출신도 아닌, 또 다른 제3의 민족, 인종 출신 며느리를 맞으면 좋겠어요. 세상은 넓고, 하나님이 창조하신 우리 인간들은 피조 세계만큼이나 다양하니까요. 이런 다름과 다양성이 각자의 생명을 누리려면, 다른 서로가 만나고, 관계를 맺고, 사랑을 주고받으면서, 알아가야 그 다양성, 다름의 깊이를 알게 될 테니까요. 우리 한 사람 한 사람이 다 다르지만, 우리 생명체 하나하나가 다 하나님께서 주신 귀한 선물임을 알면 좋겠어요. 아끼고, 돌보고, 존중하는 지혜를 배우고 실천하는 일이 세상에서 가장 아름다운 일이라는 걸 저는 우리 시어머니와의 동반자 관계를 통해 알았거든요. 세상 사람들이 저를 아름답다고 하는 건 제 얼굴, 몸이 예뻐서 하는 소리가 아닌 걸 알아요. 그건, 내가 인종과, 문화, 언어가 다르지만, 그 다름을 인정하고, 그 다름을 존중하려고 노력한 것의 열매가 아름다움으로 보인 거라는 걸요. 시어머니와 저의 고부 사이가 아름다운 동반자 관계라는 점을 인정하는 것이겠죠. 우리 모두 아름다워집시다.

사 례

▶ 결혼 이주여성들의 '가정 내 인권침해'가 심각한 것으로 나타나 정부 차원의 개선 노력이 시급하다는 목소리가 커지고 있다. 물리적 폭력은 물론 출신 국가를 무시하거나 인격적인 모욕을 주고, 심지어 외출 금지와 신분증 압수 등도 자행되는 것으로 나타났다. 국제결혼이 전체 결혼의 7%에 달할 만큼 빠르게 다문화사회가 되고 있지만, 일상화된 편견과 차별 등으로 이들의 인권 문제는 '제자리걸음'을 벗어나지 못하고 있다.

한국형사정책연구원의 '결혼 이주여성 인권침해 실태 및 대책 연구'에 따르면 중국, 베트남, 필리핀, 캄보디아 출신 여성 811명 중 44.4%인 356명이 '가정 내 언어폭력을 경험했다'고 답했다. 언어폭력은 주로 남편이나 시댁 식구들이 이주여성 출신국의 경제 수준이 낮다는 점을 들어 무시하거나 문화를 이해하지 못하는 데서 비롯됐다. '남편이나 시댁 식구가 친정 부모나 모국을 모욕한 적 있느냐'는 문항에 33.2%가 '그렇다'고 답했다. 이는 이주여성의 출신국에 대한 가족들의 이해가 크게 부족하다는 사실을 단적으로 드러낸다.

베트남 출신 B씨는 시어머니에게 "너희 나라는 가난해서 고기도 못 먹어봤지"라는 말을 여러 차례 들어야 했다. "고기를 안 먹어봤으니 먹지 마라"며 임신 기간에조차 고기를 못 먹게 해 황달에 시달렸다. 캄보디아에서 온 C씨는 "남편이 생활비를 줄 때마다 '이 돈을 캄보디아 돈으로 환산하면 얼마나 많은지 아느냐'라면서 면박을 줘 자존심 상했다"고 털어놨다. 베트남 출신 D(26)씨는 "고향 음식을 만들었는데 시어머니가 '개밥 같다'며 핀잔을 줬다. 무심코 던진 말이었지만, 내게는 굉장히 상처가 됐다"고 털어놨다.

이주여성에 대한 편견은 물리적 폭행이나 감금으로 이어지기도 한다. 베트남 출신 E씨는 임신하고 태아에게 고향 노래를 들려주고 싶어 베트남 음악을 틀었다가 남편에게 폭행을 당했다. 또 다른 베트남인 F씨는 '생긴 게 마음에 안 든다' 등의 이유로 시어머니에게 맞고 지낸다. 시어머니는 F씨가 외출도 마음대로 못하게 했고, 출산한 지 8일밖에 안됐는데 때리기도 했다. 실제 연구 결과에서도 '가정에서 신체적 폭력을 당한 경험이 있다'는 응답은 18.6%(148명)에 달했다. 또 30.6%는 '자유롭게 외출을 못하게 했다'고 답했고, 남편이나 시댁 식구로부터 감금당한 경험이 있다는 비율도 4.2%나 됐다. 필리핀 출신 G(24)씨는 "'못사는 나라에서 와서 잘 배우지 못했다. 한국 사람이 돼야 한다'며 훈련하듯 마음대로 때리거나 가둬도 된다고 생각하는 사람이 많다. 도망갈 수 있다며 신분증을 빼앗기도 한다."라고 말했다. 김지영 연구위원은 "가족들의 몰이해로 이주여성이 받는 인권침해가 심각하다."며 "가정폭력 범주에 언어폭력도 포함하고 남편과 시댁 식구들에게 이주여성 인권에 대한 교육을 강제할 필요가 있다"라고 지적했다.

(출처: http://cafe.daum.net/china-521)

▶▶ 태국에서 온 송노잔씨는 천사라고 불린다. 그녀는 11년 전 돈을 벌려고 한국으로 왔고 착한 남편을 만나 예쁜 두 딸을 낳았다. 자신의 부모님께 효도하듯 남편의 부모님을 공손히 모시며 동네에 본이 되고 있다. 그뿐만 아니라 외국인 노동자들이 억울한 일을 당하지 않게 한국의 각종 법률에 대해 알려주는 활동을 하고 있다.

(출처: 서울신문 2012/6/12)

▶▶▶ 경기도가 결혼 이주여성과 시어머니의 친밀한 관계 형성을 통한 행복한 가정생활을 도우려고 '시어머니와 함께하는 다문화교실'을 연다.

경기도는 사단법인 경기미래와 함께 경기도 내 다문화 가족(72가족)을 대상으로 권역별로 다문화교실을 진행할 계획이다. 이번 다문화교실에서는 며느리와 시어머니의 친밀한 관계향상을 위해 '고부가 함께하는 진실과 오해', '고부 사진 콘테스트', '사랑해요 마더(Mother)!, 또 결혼이민자의 고부간 갈등 해소에 도움이 되도록 선배 다문화 가족의 사례를 중심으로 한 강의가 진행된다. 이와 함께 출입국관리법, 국적법 Q&A 등 생활에 도움이 되는 프로그램과 송편 만들기 등 추석을 앞둔 행사도 마련됐다.

(출처: 안산인터넷뉴스 2012/9/12)

나 눔

함께 생각해 봅시다

1. 이주여성들이 한국 남편의 집안에서 아이를 낳고 시부모님을 잘 모시는 것만이 최선일까요?

2. 교회가 다문화가정을 위해 할 수 있는 작은 배려들을 생각해 봅시다.

6장. 용기있는 신앙-주인의 병을 낫게 한 소녀

배경 이야기

〈열왕기하 5장/ 누가복음 4장〉

이스라엘과 시리아, 엘리사 예언자와 나아만 장군

열왕기하는 많은 성서학자에 의하면 신명기 역사서에 속한 것으로 그 범위는 여호수아, 사사기, 사무엘상하, 열왕기상하를 포함한다. 그 주요 내용은 하나님이 약속한 땅에 들어가면서부터 다윗 통일왕국 시대의 번영과 솔로몬 이후 분열된 북왕국 이스라엘의 앗수르에 의한 멸망주전722년, 바빌론에 의한 남왕국 유다의 몰락주전586년, 그 이후의 포로생활을 담고 있다. 신명기 역사서의 이러한 왕들의 역사에서, 왕들이 하나님의 말씀에 순종하느냐, 불순종하느냐에 따라 그 평가가 달라졌다. 즉 하나님의 말씀인 율법 준수가 평가의 기준이 되었다. 그 대표적인 것을 살펴보면, 첫째, 절대적 유일신 신앙과 그 신앙을 지키려는 의지, 둘째, 우상숭배의 배격과 금지였다. 이 때문에 외국에 대한 배타적인 시각이 더 자리 잡고 있으며, 외국과의 우호적인 관계에서 이뤄진 왕과 외국여성의 결혼은 이방 종교의 수용이라는 측면에서 철저히 비판받았음을 알 수 있다.

본문은 엘리사 선지자에 대한 대표적인 이야기 중 하나로 시리아 출신 나아만 장군의 병을 고친 내용이다. 선지자 엘리사는 엘리야의 후계자로 잘 알려졌다. 그는 북이스라엘의 선지자로 왕을 비롯해 이스라엘 백성에게 많은 신임을 받는 사람이었다. 실제로 어려움에 부닥친 사람들의 필요를 채워 주는가 하면, 왕에게 조언할 수 있는 위치에 있는 사람이었다.

시리아는 이스라엘의 북쪽 경계 너머에 있는 나라로 육상의 국제 무역로를 이스라엘과 공유하고 있어 상호 교류가 많았다. 역사적으로 이스라엘의 족장들, 아브라함, 야곱이 시리아를 통해 이주해 왔을 뿐 아니라 요단강 동편을 차지하려고 시리아와 이스라엘은 빈번하게 전쟁을 하기도 했다. 국제적으로 시리아는 포도주와 양털을 두로에 수출하는 무역도 활발한 나라에 속했다. 겔27:18

나아만을 위해 시리아 왕이 직접 이스라엘 왕에게 편지를 써서 보냈고 이것을 받은 이스라엘 왕은 놀라며 두려워했다. 왜냐하면, 나아만의 병을 고치는데 도와줄 수 없다고 생각했기 때문이다. 그러나 엘리사는 왕에게 나아만을 보내달라며 왕을 직접 돕는 모습을 보인다.

이처럼 열왕기하 5장은 외국인인 나아만에게 하나님이 엘리사를 통해 은혜를 베푼 구체적인 사건으로 알려준다. 많은 주석가와 설교가는 엘리사의 수혜를 입은 외국인 군대장군으로 나아만을 얘기하고 있다. 그러나 그렇게 할 수 있었던 한 작은 소녀의 존재에 대해 우리는 알아야 하고 그녀를 통해 하나님을 경험해야 한다.

당시 종이라 함은 소유물로 생각하는 경향이 있었다. 십계명에도 네 이웃의 것을 탐내지 말라는 제10계명에 아내, 남종, 여종과 같은 인간을 소, 나귀, 물건과 같이 보고 있다. 이처럼 당시 종이라는 신분은 자신의 의지나 인격적인 대우를 기대하기 어려운 상황이었음을 알 수 있다. 본문의 주인공은 종에서 더 나아가 외국인으로 여성이며 어린 아이로 소개하고 있다. 그만큼 가부장적 사회, 계급사회에서 가장 밑바닥에 해당하는 위치에 있는 어린 소녀를 통해 하나님께서 일하셨음에 주목해야 한다.

나아만 장군, 시리아의 왕, 이스라엘의 왕, 엘리사 선지자의 구도에서 자칫 놓치기 쉬운 이 이주노동자, 어린 여종의 목소리에 주목하자. 그리고 이 시대의 많은 문제를 놓고 자칫 권력 중심에 있는 사람들 속에서 그 해법을 찾기보다 역으로 누구도 주목하지 않는 이들, 특히 이주민, 청소년, 장애인들의 다양한 의견을 들어 보면 어떨까? 그들이 이 어린 여종의 의견을 비판 없이 듣고 실천에 옮겼을 때 치유함을 받고 새 생명을 누린 것처럼, 우리 사회와 교회가 귀를 기울여야 할 대상은 높은 분들이 아닌 낮고 낮은 이들이다. 예수님의 삶의 모습과 같이….

■ **참고문헌**

정중호, 『이스라엘의 국제관계와 예언자』, 대구: 계명대학교출판부, 2005.
J. 맥스웰 밀러 · 존 H 헤이스, 『고대 이스라엘 역사』, 서울: 크리스챤다이제스트, 2001.
앨리스 L. 라페이, 『여성신학을 위한 구약개론』, 장춘식 역, 서울: 대한기독교서회, 2003.

> 독 백

용기 있는 신앙으로 주인 나아만 장군의 병을 낫게 한 소녀

…이스라엘 땅에서 어린 소녀 하나를 사로잡으매 그가 나아만의 아내에게 수종 들더니 그의 여주인에게 이르되 우리 주인이 사마리아에 계신 선지자 앞에 계셨으면 좋겠나이다. 그가 그 나병을 고치리이다…. 왕하5:2-3

또 선지자 엘리사 때에 이스라엘에 많은 나병환자가 있었으되 그 중의 한 사람도 깨끗함을 얻지 못하고 오직 수리아 사람 나아만 뿐이었느니라. 눅4:27

    나는 지금 시리아에서 살고 있어요. 나의 나라는 시리아 옆에 붙어 있는 이스라엘이죠. 이스라엘은 하나님의 선택을 받아 지금까지 왔지만, 늘 주변에 강하고 큰 나라들에 의해 침략을 받고 전쟁도 참 잦았어요. 내가 이곳 시리아에 어떻게 오게 되었느냐고요? 시리아 아람 사람들이 쳐들어와 내 이웃을 죽이고 우리의 물건들, 가축들을 빼앗고 결국 나도 노예로 이곳에 오게 된 것이랍니다. 처음에는 울기도 많이 울었어요. 아직 많이 어린 데 아무도 모르는 땅에서 그것도 노예로 살아가자니 힘든 게 한둘이 아녔죠. 모든 것이 낯선 곳에서 아는 사람 하나 없이, 자유도 빼앗겼다고 생각하니 아무 희망도, 하나님께 기도조차도 할 수 없었어요. 엄마의 품이 그리웠고 친구들과 마냥 즐거웠던 시절이 늘 생각났답니다. 그럼에도, 다행스러운 것은 나의 주인님은 나아만 장군의 아내로 나를 그리 싫어하거나 함부로 대하지는 않았어요. 집도 부유한 편이라 먹는 것을 비롯해 주어진 환경은 힘들거나 고통스럽지 않았고요. 같은 종으로 와 있지만, 늘 주인에게 맞고 괴롭힘 당하는 이들에 비해 나는 그나마 좋은 환경이라고 할 수 있었죠.

그러던 어느 날이었어요. 나의 주인님이 너무 놀라고 걱정하는 소리를 들었어요. 주인의 남편이신 나아만 장군이 아무도 못 고치는 피부병에 걸렸다는 것이에요. 가려움은 기본이요, 진물에, 상처에 주변 사람들에게 주는 피해도 만만치 않아 공적인 일을 수행해야 하는 장군으로 그 어려움은 이루 말할 수 없었나 봐요. 옆에서 지켜보는 나의 주인님도 그 고통을 함께했고요. 앞길이 창창한데 이러한 질병으로 말미암아 아무것도 못 한다고 생각하니 나 역시 맘이 불편하더라고요. 그때 생각이 났어요. 나의 나라 이스라엘에 있는 엘리사 선지자님이요. 이분이 예전에 과부가 어려운 사정을 이야기했을 때 그 집에 있던 한 병의 기름으로 기적을 베풀어 문제를 해결해 주시기도 했고, 죽었던 아이를 살리는 일도 하셨던 것이 기억났어요. 사실 하나님이 엘리사 선지자님을 통해 하셨던 것이지만요. 왠지 우리의 주인 나아만 장군님도 엘리사 선지자님을 찾아가면 분명히 나을 것이라는 생각이 들었어요. 그래서 여주인님께 말씀드렸죠. 사실 괜한 오해를 살수도 있는 거 아니겠어요? 우리 주인님과 주인님 남편은 이스라엘의 하나님도 모르고, 그 하나님의 뜻을 대신하는 예언자의 존재에 대해서는 더욱이 모르시잖아요. 어린 종 주제에 말했다가 더 큰 해를 입지는 않을까? 무시당하지는 않을까? 걱정도 되었지만, 어디에서 그런 용기가 났는지 모르겠어요. 아마 하나님의 영이 저와 함께 하셔서 그런 마음을 주신 것 같아요. 사람을 향해 갖는 연민의 마음, 긍휼의 마음을요. 비록 내가 종의 위치라 하더라도 인간에 대해 가져야 하는 귀한 마음이겠죠. 특히 누구든 아프고 도움이 필요할 때, 그 사람의 인종, 피부, 성별, 교육수준, 이런 사회적 조건을 넘어서서 돌보는 마음은 하나님을 경외하는 그 신앙에서 온 것이라는 생각이 들어요.

엘리사 선지자님을 만나라는 나의 이 조언은 나아만 장군님께 전달되었어요. 그만큼 답답하고 절실했기 때문이었겠죠. 그리고 그는 시리아 왕에게까지 가서 나의 이야기를 전했다는 것이에요. 시리아에서는 고칠 수가 없어 지푸라기라도 잡고 싶은 마음이었던 것 같아요. 이번에 나아만 장군님이 낫는다면 왕도 이스라엘의 하나님을 알게 될 테니까 사실 굉장히 기뻤어요. 비록 종으로 이곳 시리아에 와 있지만, 하나님을 알고 섬기는 사람들이 많아지길 계속 바라왔던 터였거든요.

왕도 장군님을 매우 아끼셨던 탓에 이스라엘 왕에게 편지를 써 병이 낫도록 해 주라고 했다고 해요. 이후 이스라엘로 갈 여행 준비를 하는데 제가 좀 도와 드렸어요. 어련히 알아서 하시겠지만, 그래도 내 나라잖아요. 주인님 역시 병이 나으면 보답할 생각으로 엘리사 선지자님께 드릴 선물까지 준비하시더라고요.

그 후 어떻게 되었느냐고요? 물론 하나님의 도우심으로 나았죠. 그리고 더 놀라운 것은 주인님이 이스라엘의 흙을 담아 와 하나님께 예배드리는 자로 180도 바뀐 것 있죠? 주인님이 바뀌니 그 아내와 자녀, 종들까지 한 집안에 있는 모든 이가 신앙을 갖게 된 것이지요. 너무 감사하고 감사한 일이지요.

사실 그 과정이 쉽지는 않았대요. 요단강에 들어가 일곱 번 씻으라는 엘리사 예언자님의 처음 지시에 매우 불쾌하셨다고 하더라고요. 이스라엘보다 큰 나라 시리아의 장군이 찾아갔으니 적어도 적극적으로 상처부위를 살피며 좀 더 자세한 처방을 해 주길 기대를 하셨나 봐요. 그런데 엘리사 선지자님은 그저 조그만 개울처럼 보이는 요단강에 들어갔다 나오기를 일곱 번 반복하라고 말로만 지시했다지 뭐예요. 나도 들으니 황당한데, 주인님은 얼마나 더 기분 나빴을까요? 그래도 기왕 왔으니 시키는 대로 해 보자는 종들의 말을 무시하지 않았다고 해요. 밑져야 본전이란 생각으로 하기 시작해 여섯 번째까지도 아무 변화가 없었지만, 마지막 일곱 번째 큰 변화가 일어난 것이지요. 요단강에 들어갔다가 나오는데 아이의 살과 같이 피부가 깨끗하게 고침을 받은 것이에요. 나중에 이 이야기를 듣는 나도 신나고 기쁜데, 장군님은 얼마나 좋으셨을까요? 하나님은 역시 멋진 분이세요. 나의 기대와 기도를 저버리지 않으시니까요. 아니 나만 사랑하시는 분이 아니라 아픈 모든 이에게 치유의 손길을 펼치시는 자비로우신 분이세요. 사실 내 가족 내 친구, 내 교인들, 나와 가까운 사람들만을 위해 희생하고 보살피는 건 그렇게 어렵지 않지요. 나와 관련 없는 사람들의 어려운 형편을 살피는 게 정말 신앙을 가진 자가 해야 할 일 아닌가 하는 생각을 해봅니다. 나아만 장군의 병을 고치는데 어리고 작은 내가 조금이나마 도움이 된 게 얼마나 감사한지 모르겠어요. 이 경험을 통해 내가 믿는 하나님은 당신을 아는 백성만 사랑하는 편파적인 하나님이 아니라는 걸 알게 되었으니까요. 덕분에 나아만 장군과 그 가족 그리고 많은 시리아 사람들도 새로운 신앙을 갖게 되었고, 이렇게 제가 하나님이 기뻐하시는 복음 전하는 일까지 했으니 정말 잘된 일이지 뭐예요. 이 모든 일이 하나님께서 도우셨겠지만, 작고 어린 외국인을 무시하지 않고 귀를 기울인 나아만 장군님의 태도도 인정해야 한다고 생각해요. 거기에서 출발하지 않았다면 이 모든 일은 아마 일어나지 않았을 테니까요.

사 례

▶ 대부분 이주노동자는 회사 측에서 제공한 기숙사에서 생활한다. 고용계약 당시 기숙사 제공 유/무에 대한 명시만 되어 있을 뿐 기숙사 환경에 대한 언급은 없다. 사실, 많은 이주노동자가 열악한 기숙사에서 생활하고 있다. 실제로 근로기준법에는 기숙사 시설의 설비와 안전위생에 대해 여러 가지 금지 및 의무사항을 두고 있다. 소음 또는 진동이 심한 장소, 붕괴의 우려가 있는 장소, 습기가 많은 장소, 침수의 우려가 있는 장소, 가스, 증기, 먼지 등으로 위생상 해로운 작업장 부근 등은 기숙사 설치를 금지한다. 그러나 많은 소규모 사업장에서는 컨테이너, 비닐하우스, 임시 건물 등을 기숙사로 제공하며, 근로기준법에 명시된 기준을 지키지 않고 있다. 이주노동자들 또한 임금체납, 퇴직금, 폭행 등에 대한 문제는 상담을 많이 하지만, 기숙사 환경 등에 대한 문제는 그냥 참고 지내고 있다.

상황이 이러한데, 노동부는 숙식비를 최저임금에 포함하는 등의 내용을 담은 최저임금법 개정안을 발표했다. 그동안 사업주 측에서는 '숙식비 제공 등으로 이주노동자에 대한 고용비용이 한국 노동자보다 많이 든다.'라는 주장을 계속해오고 있다. 여기에는 이주노동자가 하루에 몇 시간 일하는지, 어떤 환경의 기숙사 비용을 얼마나 지급하는지에 대한 사항은 담겨 있지 않다.

 숙식비를 임금에 포함 지급한다는 것은, 그동안 최저임금법에 기대어 그나마 최소한의 임금보전을 받아오던 이주노동자의 실질임금이 낮아진다는 것을 뜻한다. 이주노동자의 기숙사 환경은 전혀 고려하지 않으면서, 임금만 낮아지는 것이다. 이는 이주노동자의 노동권, 건강권, 생활권, 주거권 등을 짓밟으면서, 고용주의 고용효율성만을 향상시키겠다는 것이다. 이주노동자가 한국에 일하러 왔지만, 하루 24시간 일만 할 수는 없는 일이다. 누구나 그렇듯이 말이다. *(출처: http://blog.naver.com/ccooky/60060645288)*

▶▶ 베트남에서 온 이주여성의 이야기이다. 신혼기간에 임신하였다. 입덧이 심했지만, 태아에게 자신의 고향노래를 들려주려고 베트남 음악을 틀었다가 남편에게 영문도 모른 채 맞았다. 속상하기도 하고 무섭기도 하여 경찰에 신고하고 보호시설에 보내 달라고 하였다. 보호시설에 갔지만, 남편인지라 처음 만나서 사랑했던 그 마음에 보고 싶고, 장차 태어날 아이를 생각해서 남편을 용서해주리라 마음먹고 남편에게 연락했더니 연락이 되지 않았다. 한 달 뒤에 남편이 질병으로 죽었다는 소식을 들었으며 남긴 유산은 하나도 없고, 오직 태어나지 않은 아이만이 남아있었다. 어떻게 해야 하는지 뱃속의 아기에게 매일 물었다. 친구들은 낙태하고 고향으로 돌아가라고 하였지만, 늘 격려해주시는 1577-1366센터 상담원 선생님들 덕에 용기를 가졌다. 출산지원해 주는 보호시설로 옮기고 예

쁜 아들을 낳았으며 한동안 돈을 벌려고 아기와 헤어져 살기도 하였지만, 아기 돌 때 저축한 돈으로 월세 방을 얻을 수 있었다. 전입신고할 때 주민자치센터에서 임대주택도 신청해주었고, 청소일로 생계를 유지하며, 모든 것을 포기하고 싶을 때 위로해 준 센터와 보호시설, 주민자치센터 등에 감사하며 살아가고 있다.

(출처: 여성가족부)

▶▶▶ 경기도 내 다문화가정 자녀 두 명 중 한 명은 학교에 다니지 않는 것으로 나타났다. 이 같은 사실은 경기도의회 교육위원회 이효경 의원(민주당 성남1)이 11월 14일 경기도 교육청 북부청사 행정사무감사 질의에서 나타났다. 이의원에 따르면 경기도 외국인 주민 자녀의 수는 2010년 29,953명, 2011년 37,519명, 2012년 42,365명으로 매년 증가하고 있다. 경기도 다문화 가족 자녀 미취학률은 초등학생 35.9% 중학생 50.7% 고등학생 68.8%로 분석되었으며 경기도가 전국의 취학률 66.8%에도 미치지 못하는 55.69%로 전국 최하위 수준인 것이 드러났다. 이에 대해 이효경 의원은 다문화 가족 자녀에 대한 대책을 초등학생 중심의 정책에서 중등교육으로 확대지원하고 다문화 공립 대안학교 설립을 적극적으로 모색하도록 주문했다.

(출처: 아시아투데이 2012/11/15)

▶▶▶▶ 강원도 홍천군에 가수 인순이가 추진하는 다문화가정을 위한 대안학교가 들어서 관심을 끌고 있다. 인순이가 설립한 사

단법인 '인순이와 좋은 사람들'이 홍천군에 가칭 '인순이 다문화 대안학교' 설립을 위한 행정절차를 진행하고 있다.

다문화 대안학교는 기존 학교생활에 어려움을 겪는 13~18세 전국의 결혼 이주여성 자녀와 지역 내 일반 중학생 등이 입교 대상이다. 우선 20~25명을 선발해 내년 3월 개교할 예정이다.

홍천군 남면 명동리에서 2년간 시범학교를 운영하고 나서 인근의 폐교를 임대해 교육청의 정식인가를 받아 자생력 있는 인가형 대안학교로 거듭날 계획이다. 인순이와 좋은 사람들은 대안학교 시범사업 준비와 교육청 인가를 받기 위한 행정절차를 동시에 추진하고 있고, 교육청과 협의에 들어간 상황이다. 도와 홍천군은 앞으로 다문화가정 청소년을 대상으로 한 힐링캠프 개최, 인가형 대안학교 전환을 위한 도내 폐교 임대 등에 행·재정적인 지원에 나설 방침이다. 인순이와 좋은 사람들은 학교 운영에 따른 시설임대료, 캠프 운영경비 등을 도와 군에서 지원하면 다른 비용은 자산으로 운용한다는 복안이다. 특히 다문화가정 아이들이 차별·왕따로 겪은 내적 상처를 치유하는 것은 물론 정체성 확립, 다중언어 사용 등의 장점을 살려 국제적 인재로 성장하도록 길잡이 역할을 한다는 계획이다.

교육과 함께 지역 주민이 참여하는 문화예술 행사를 열어 자연스럽게 동화되도록 할 예정이다. 인순이는 혼혈로 겪은 아픔, 가수로서의 성공경험 등을 토대로 다문화가정 자녀의 상처 치유를 위한 대안교육을 꿈꾸어왔으며, 지난 2011년 4월 인순이학교 준비위원회를 결성하면서 본격 학교 설립을 위한 준비에 나섰다. 최근에는 다문화 케어·상담사 자격증을 취득하고 홍보대사로 위촉받은 초록우산 어린이재단과 다문화가정 아동지원을 위한 협약을 하는 등 학교 설립을 위한 기반을 다졌다. 또 자신의 재능을 살린 '나눔공연'과 다문화가정을 돕기 위한 콘서트 개최 등 사회공헌 활동에 활발히 나서며 다문화 대안학교 설립에 의지를 보이고 있다.

(출처: 연합뉴스 2012/10/29)

■ 다문화 대안학교
- 광주새날학교 2006년 9월 개교
- 부산아시아공동체학교 2011년 3월 개교
- 경기도 광주 국제다문화학교 2011년 3월 개교

나 눔

함께 생각해 봅시다

1. 믿음을 가지고 용기 있게 행동한다는 것은 어떤 의미인가요?

2. 힘이 없고 약하다고 생각되는 이들의 말에 진정으로 귀를 기울인 적 있나요?

7장. 외국인을 통해 알게된 하나님의 뜻-니느웨의 할머니

배경 이야기

<요나/마태복음12, 16장/누가복음11장>

하나님 심판의 메시지가 사랑의 메시지인 것을 확인하다

요나서는 많은 이에게 사랑받는 예언서로 잘 알려졌다. 예언자

요나가 하나님의 명령을 피해 다른 곳으로 가다가 물고기 뱃속으로 들어가게 되었고, 결국 하나님의 명령을 지키게 되었다는 해피엔딩으로 기억한다. 주일학교 설교 시간에 빠지지 않고 등장하는 대표적인 인물이기도 하다. 하지만, 그가 니느웨라는 이방 도시국가를 구원하는 데 큰 역할을 함과 동시에 하나님이 심판하실 것을 거두시자 바로 화를 내며 자신의 뜻만 내세우는 옹졸한 요나에 대해서는 많이 안 알려졌다.

니느웨라고 하는 외국에 대해 두려움으로 하나님의 명령을 피해 도망갔던 요나는 다른 나라들에 대한 이스라엘의 자세를 그대로 드러낸다. 온 세상의 창조자이시며 구원자 되신 주 하나님에 대한 이해가 없는 자민족중심주의에 사로잡혀 강대국에 대한 두려움이라기보다 다른 나라에는 구원이 필요 없다는 독선적이고 배타적인 관점을 반영한다.

요나가 니느웨에 가서 하나님의 심판이 가까이 왔다는 메시지를 전한 후에 일어난 반응은 예상을 초월한다. 왕을 비롯해 전국민적 회개 운동이 일어난 것이다. 이를 기뻐해도 모자랄 판에 하나님이 니느웨성을 심판하지 않겠다고 하자 오히려 하나님을 원망하며 죽을 결심까지 하는 요나이다. 예언자로 부름 받은 요나이지만, 인간적인 이기심과 종교적 배타성을 보여주면서 하나님 뜻을 거스르는 우리 자신의 모습을 그대로 드러내고 있다.

성서의 하나님은 늘 이스라엘 편이고 다른 민족에 대해서는 징벌하시고 심판자, 승리자로 알려졌다. 그러나 요나서는 이에 대해

반대하는 대표적인 본문이다. 오히려 한 민족의 하나님이 아닌 전 인류를 사랑하고 품으시는 자비로운 분으로 보인다.

여기서 주목할 것은 니느웨 사람들의 회개 운동이다. 한 작은 식민지 국가의 소수민족에 불과한 요나가 자신의 나라에 들어와 하나님의 심판을 외쳤을 때 상식적으로 이해하기 어려웠을 것이다. 요나 자신도 이를 두려워해 다시스로 가는 배를 타고 도망가지 않았는가? 그러나 이를 깨닫고 금식을 선포하며 회개의 본을 보인 왕부터 일반 시민, 작은 아이에 이르기까지 한 외국인의 주장을 인정하고 진정으로 잘못을 뉘우치게 된 것이다.

구약성서에서 대표적인 사회적 약자를 고아, 과부, 나그네(외국인)로 든 것에서도 알 수 있듯이 당시 외국인에 대한 편견은 어디나 같은 형편이었다. 오늘날도 피부색만으로 사람을 판단하며 백인에 대해서는 무조건 잘해 주고 동남아나 아프리카와 같은 우리나라보다 못 사는 나라에서 온 사람들에 대해서는 함부로 대하는 우리의 태도에서도 알 수 있다. 요나서의 니느웨 사람들과 같이 힘을 가진 나라가 작은 나라에서 온 요나의 말을 청종하고 회개 운동을 통해 하나님의 마음마저 움직였다는 것은 참으로 놀라운 일이다.

본문은 니느웨 성에 사는 한 할머니의 목소리를 통해 요나서의 지혜를 알려주고 있다. 외국인이 자신의 나라에 들어와 한 일들을 지켜보고, 그의 배타적인 시각을 고쳐나가면서 하나님을 발견하게 하는 모습이 참 아름답게 그려져 있다.

외국인에 대하여 우리의 차별적인 시선을 넘어서서, 아니 필요하다면 그들에게도 배우고 익혀야 할 내용까지 찾아야 하겠다. 한국에 들어와 있는 많은 이주민이 단순히 우리가 수혜를 베풀고 도와야 할 대상이 아닌 서로가 도움을 주고받을 수 있는 관계로까지 나아가야 하겠다.

■ 참고문헌

도널드 E. 고웬, 『구약예언서 신학』, 차준희 역, 서울: 대한기독교서회, 2004.
이경숙 외, 『구약성서개론』, 서울: 대한기독교서회, 2005.
자끄 엘륄, 『요나의 심판과 구원』, 신기호 역, 대전: 대장간, 2010.

독 백

외국인 요나을 통해 하나님의 뜻을 안 니느웨의 한 할머니

여호와께서 이르시되 네가 수고도 아니하였고 재배도 아니하였고 하룻밤에 났다가 하룻밤에 말라버린 이 박 넝쿨을 아꼈거든 하물며 이 큰 성읍 니느웨에는 좌우를 분변하지 못하는 자가 십이만여 명이요 가축도 많이 있나니 내가 어찌 아끼지 아니하겠느냐 하시니라. 욘 4:10-11

여러분, 요나에 대해 아시나요? 물고기 뱃속에 들어갔던 하나님의 예언자, 요나. 어떻게 그런 일이 일어났느냐고요? 이제부터 내가 하는 이야기를 잘 들어 보세요. 사실 나의 인생의 마지막에 너무나도 큰일이 일어났고, 그것은 요나 예언자와 아주 관계가 깊답니다.

먼저 나를 소개 해야겠군요. 나는 니느웨라는 성에서 태어나 쭉 자라 결혼도 했고 자녀도 다 결혼을 시켜 손주도 있는 할머니랍니다. 우리나라는 크고 강했기 때문에 주변 나라에서 함부로 하지 못했죠. 어느 시대든 강한 나라는 작은 나라를 업신여기며 호시탐탐 나라를 뺏을 기회를 노린답니다. 그리고 전쟁을 일으키죠. 이로 말미암아 실제로 많은 사람이 죽었고, 또 그들의 가축을 비롯해 재산을 가져와 부를 누렸답니다. 심지어 사람까지도 종으로 삼기도 했으니 인권이라곤 온데간데 없었죠. 우리나라가 정당한 노력을 통해 부유한 나라가 된 것이 아닌 것을 알기 때문에 사는 내내 불편했던 것도 사실이에요.

어린 시절, 아버지를 비롯해 많은 남자가 전쟁에 동원되었는가 하면, 남겨진 어머니를 비롯한 여성들, 노인들, 아이들은 남자들이 전쟁에서 무사히 돌아오기만을 초조하게 기다리는 시간이었죠. 다행히도 계속되는 승리 속에 소와 양을 비롯한 많은 가축과 물건들이며 남자, 여자노예들도 계속 늘어나게 되었어요. 처음에는 전쟁에서 이기는 것은 참 좋은 일이라고 생각했어요. 그것이 어떤 잘못, 범죄라는 것을 알지 못했거든요. 우리가 잘해서 그런 줄 알았어요. 힘이 지배하는 세상, 힘을 가지려고 경쟁하고 때론 수단과 방법을 가리지 않았죠. 결과적으로 힘만 있으면 모든 것이 허용되는 사회였으니까요. 그래서 학교에서도 집에서도 힘이 있어야 한다, 경쟁에서 이겨야 한다는 말에 대해 의심하거나 잘못되었다고 지적하는 사람들이 없었어요. 예언자 요나가 하나님의 말씀을 들고 오기 전까지는요.

나중에 들은 얘기인데 요나도 우리나라에 들어오기까지 우여곡절이 많았다고 해요. 소위 잘나가고 힘 있는 이곳, 니느웨에 하나님이 전하라고 한 메시지가 희망이 아닌 절망, 즉 심판인데, 어느 누가 용감하게 가겠다고 하겠어요. 나라도 두려웠을 거예요. 그래서 그가 고민 중에 선택한 것은 지리적으로 니느웨와 정반대에 위치해 있는 다시스로 가는 배에 오른 것이었다고 해요. 그것은 큰 화를 일으켰죠. 이스라엘만 떠나 다른 지역으로 가면 모든 것이 순조롭게 될 줄 알았는지 배 안에서도 쿨쿨 잠만 잤대요. 글쎄. 어찌 그 상황에서 잠을 잘 수 있는지…. 쯧쯧. 그런데 예기치 않은, 일기예보에도 없었던 큰 폭풍과 풍랑이 일어난 거예요. 그 배에 탔던 많은 사람은 무서워 떨고 각각 자신들의 신을 부르며 살려 달라고 했다지 뭐예요. 당연하죠. 어느 사람이 죽음 앞에 지푸라기라도 잡고 싶지 않겠어요. 짐도 배 밖으로 던지면서 배를 안전하게 하고 싶었지만, 그게 말처럼 쉽게 될 리가 있나요? 선장은 또 다른 방법이 없나 찾던 중에 잠자는 요나를 발견한 것이지요. 이런 상황에 잠을 자고 있다니 어처구니가 없었지만, 그를 깨웠고 그는 일어나 모든 일을 보고 알게 되었대요. 그것이 자신의 잘못에서 온 것임을요. 사람들이 울며불며 자신들의 신에게 용서를 구하며 비와 바람을 멈추게 해 달라고 기도하는 것을 보고 요나 예언자님도 하나님께 용서를 구해야 한다고 생각했던 것 같아요. 그리고는 선장에게 자신을 배 밖으로 던지면 어려움이 사라질 것이라고 말했다고 해요. 배 밖, 즉 바다는 죽음을 의미했는데 어디서 그런 용기가 나왔는지 심판의 메시지를 전하기 싫어 다시스로 도망가는 비겁하고 소심한 청년이었는데 말이죠. 선장은 처음에 그 말을 믿기 어려웠지만, 상황이 상황인지라 힘에 의해서도 아니고, 똑똑하거나 나이순도 아닌 제비뽑기를 통해 뽑힌 사람을 배 밖으로 던져 모든 사람을 구원하자고 결정했죠. 모두 거기에 동의했나 봐요. 결과가 어떻게 되었는지 궁금하지요? 참 희한하게도 예언자 요나가 뽑혔고 모두의 생명을 구하도록 바다에 던져지게 되었어요. 그 순간 그 무섭던 폭풍과 풍랑이 거짓말처럼 멈추게 되었다고 해요. 정말 신기한 일이죠. 하나님이 하셨기에 가능했다는 것을 배에 있던 사람들은 다 알았을 거예요. 그리고는 참 신이신 하나님을 믿고 예배하게 되었다고 해요. 때론 씨앗이 죽지 않으면 그대로 있고 죽으면 많은 열매를 맺는 것을 요나를 통해 보여준 것 같더라고요.

그럼 요나는 어떻게 되었을까요? 하나님은 그전에 모든 것을 해결해 주시지 않고 죽음의 순간까지 그대로 내버려 두셨어요. 우리는 하나님이 다 알아서 하시겠지 생각하지만, 내가 살아보니 실제로 그런 경우는 잘 없는 것 같아요. 오히려 모두에게 알려질 더 세심한 배려, 즉 큰 물고기를 준비하셨다는군요. 그래서 바다 속으로 들어 온 그를 꿀꺽 삼키게 했다지 뭐예요. 3일 밤낮 동안 물고기 배 속에서 있으면서 요나는 하나님께 잘못을 고백하는 회개의 기도, 니느웨로 가서 심판과 멸망의 메시지를 전하겠다는 다짐의 기도를 하는 시간을 가졌대요. 그 후 안전하게 니느웨에 도착한 물고기는 요나를 뱉어 내었다고 해요. 참 희한하게 우리나라에 들어오게 되었지만, 그는 기도한 대로 실천에 옮겼어요. 하나님이 40일 후에 심판하신다고…. 그래서 회개하라고…. 여러분도 아시죠? 우리의 법 기준은 늘 힘이었고, 그것 때문에 부정과 부패가 난무했던 것을요. 어찌 보면 외국에서 들어 온 한 사람, 죽이는 것은 일도 아닌데, 전혀 상상할 수 없는 일들이 일어난 거예요. 많은 사람이 그 말을 듣고 잘못을 뉘우치기 시작했어요. 굵은 베옷을 입고는 더 이상의 잘못을 저지르지 않겠다고, 약한 사람을 힘으로 누르지 않고 빼앗은 물건이 있다면 다시 돌려주겠다고 고백을 하게 되었죠. 외국인 한 사람이 전한 하나님의 메시지는 이렇게 많은 이에게 영향을 주었답니다. 우리나라 최고의 통치권자 왕도 예외가 아니었어요. 금식을 선포하고 어른이나 아이나 심지어 종들에게까지 이를 지켜야 한다고 명령했어요. 물론 왕도 베옷을 입고 잘못을 뉘우치는 회개 의식에 함께 했고요. 단순히 말과 머리가 아닌 온 몸으로 회개를 행한 거죠.

나는 정말 그 어떤 고통이나 어려움보다 더 큰 경험으로 다가왔죠. 금식을 하고 울며 나의 잘못을 고백했을 때, 어디서 왔는지 알 수 없는 평화와 모든 것이 깨끗하게 정화되는 경험, 그 무엇과도 비교할 수 없었어요. 나만 그랬을까요? 만나는 사람마다 적어도 내가 아는 사람들은 모두 하나님께 어떻게 하면 정직하게 나아갈 수 있을까를 고민하게 되었고 이것은 하나님도 아시게 되었다고 해요. 그리고는 예언자 요나를 통해 심판을 철회할 것을 알려 주시게 되었죠. 우리나라에 온 외국인 한 사람이 우리나라의 관습과 제도를 바꿔 버린 큰 사건이 된 것이랍니다. 도저히 상상할 수 없는 일이 일어난 것이지요.

그런데 정작 요나는 하나님의 심판 철회에 대해 동의할 수 없었나 봐요. 죽고 싶다는 말까지 했다지 뭐예요. 그는 우리가 그렇게나 빠르게 회개하고 돌아오는 것을 기대하지도 않았을 뿐 아니라 실제로 그렇게 되니 자신이 한 말이 거짓말이 될까 싶어 힘들어했다는군요. 하나님이 자기 민족만 사랑한 줄 알았다나 봐요. 뭐 이해는 되지만, 그래도 내 생각은 달라요. 얼마든지 하나님이 하시면 사람의 마음을 움직일 수 있다고 생각해요. 그것이 가장 가까운 사람에게서 시작될 수도 있지만, 하나님의 정의, 심판의 메시지를 들고 들어온 요나와 같은 외국인에 의해서도 충분히 바뀔 수 있다는 사실이에요.

하나님은 우리 니느웨 사람들도 귀했지만, 요나의 이기적인 마음을 바꾸는 것도 필요하셨나 봐요. 외국에 혼자 나와 마음고생을 하는 그에게 하나님은 박 넝쿨을 통해 자신의 뜻을 알려 주셨죠. 여러분도 다 아시죠? 주렁주렁 달린 박보다 넓은 그 잎으로 금방 그늘을 만들 수 있는 것을요. 그는 하나님이 준비하신 박넝쿨 덕분에 뜨겁고 따가운 햇볕을 가려 그늘에서 편안하게 지낼 수 있었지요. 그런데 그 다음 날 벌레가 박넝쿨을 갉아먹어 식물이 시들어 죽게 되자 그대로 해가 내리쬐어 잠시도 앉아있을 수 없게 되었대요. 박넝쿨이 없어진 것을 알고 바로 불평하는 요나를 여러분은 어떻게 생각하세요. 하지만, 하나님은 꾸짖지 않고 말씀하셨다고 해요. 그러자 그는 깨닫게 되었대요. 수고하지도 않고 키우지도 않은 이 식물에 대해 이처럼 아까워하는데, 이 많은 사람과 짐승이 있는 니느웨를 아끼고, 구원하고자 하시는 하나님의 뜻을요. 하나님은 이스라엘만의 하나님이 아닌 것을요. 결국, 하나님의 사랑과 자비는 끝이 없고 그 혜택을 우리 니느웨 사람들이 받았으니 얼마나 감사한지요. 하나님의 뜻을 좇아 힘이면 다 된다는 생각을 버리고 약한 사람들의 편에 서서 그들에게도 살아계신 하나님에 대해 알려 줄 거예요. 내 후손들이 이 사실을 알게 되어 우리 세대와는 다른 멋지게 변화될 니느웨의 모습에 기대가 된답니다.

사 례

▶ 제3세계 여성이 결혼이라는 고리를 통해 한국에 올 경우, 한국 사람들은 국제결혼을 할 수밖에 없는 한국사회 시스템이나 이주여성들의 삶을 이해하기보다는 "돈을 목적으로 결혼하는 사람, 위장결혼한 사람들"이라는 편견을 갖고 이들을 본다. 이런 편견은 이들을 한국사회에 통합하는 데 큰 걸림돌이 된다.

이주노동자들의 인권문제는 노동권 침해와 기본권 침해 등 다양한 범주로 구분할 수 있다. 구체적으로 "법적 지위의 취약성, 열악하고 차별적인 근로환경(장시간 노동, 저임금, 임금체납, 산업재해, 폭언, 폭행, 비하 등), 배타주의적 문화로 말미암은 적응곤란, 사회복지 서비스의 부족, 비인도적인 단속과 추방" 등으로 요약할 수 있다.

여성 이주노동자는 이주노동자 일반보다 더 다중적인 차별을 받고 있다. 이들은 남성노동자와의 임금차별은 물론이고, 성희롱, 강간 등 성폭력과 같은 이중의 인권침해가 빈발하고 있어 사회문제가 되고 있다. 임신, 유산 후에도 사업주의 눈치를 보며 중노동에 시달리고 있어서, 모성 보호 장치가 전혀 없는 실정이다.

다니던 공장이 문을 닫고 한 달째 일터를 찾지 못했다. 고용허가제로 지난해 캄보디아에서 온 아룬(28·가명)에게 새 일자리를 찾는 일은 녹록하지 않다. 어느 공장에 찾아가니 기숙사가 없다고 하고, 다른 사장은 밑도 끝도 없이 "캄보디아 사람은 싫다."라고 했다. 하루에도 몇 차례씩 허탕이다.

최근 아룬에게 걱정이 또 하나 생겼다. 오는 8월부터 고용노동부 산하 고용센터가 이주노동자들에게 '알선장'을 주지 않기로 했다. 그동안 이주노동자들은 일터를 옮길 때 구인업체들의 정보가 적혀 있는 알선장을 받아 자신의 조건에 맞는 일자리를 구했다. 앞으로 알선장이 없어지면 직접 일자리를 구해 옮기는 일이 불가능해진다.

대신 고용센터에서 구직자들의 정보를 넘겨받은 업체가 걸어오는 전화를 기다려야 한다. 다니던 공장을 그만두고, 3개월 안에 새 직장을 얻지 못하면 미등록 체류자로 강제추방 된다. 아룬이 강제추방을 피하는 길은 하나다. 앞으로 두 달 안에 어느 고용주가 자신을 선택해주기를 무작정 기다리는 수밖에 없다.

(출처: 한겨레 2012/7/17)

▶▶ 여성가족부와 필리핀 해외이주위원회는 오는 3월 13일 여성가족부 대회의실에서 국제결혼 건전화와 결혼이민자 지원을 위한 양해각서(MOU)를 체결한다. 이번에 체결하는 양해각서는 한국 남성과 필리핀 여성의 결혼이 증가함에 따라 국제결혼 건전화, 입국 후 한국생활 적응에 필요한 한국어 교육 및 직업훈련 기회 제공

등을 주요 내용으로 한다. 양국 정부는 결혼이민 예정자를 대상으로 한국 입국 전 필리핀 현지 사전교육 프로그램을 공동운영하고, 결혼 전 정확한 신상정보교환 및 불법적인 국제결혼 관행 개선 등을 함께 추진할 예정이다. *(출처: http://japheth.tistory.com/17)*

나눔

함께 생각해 봅시다

1. 이주 경험은 다양할 수 있습니다. 외국에 나가거나 고향을 떠나 살아본 경험을 자유롭게 나눠 봅시다.

2. 이주민은 타국에서 여러 불리한 조건을 가질 수밖에 없는데, 이를 극복한 예가 있다면 나눠 주시고, 혹은 이를 극복하는 데 필요한 것은 어떤 것이 있을지 찾아봅시다.

8장. 죽음을 피해 저항한 피난민-예수 가족

배경 이야기

〈마태복음1,2장/누가복음1,2장〉

죽음을 피해 저항하고자 이집트로 피신한 예수 가족

이 이야기를 이해하려면, 예수가 태어난 베들레헴이라는 마을이 당시 가장 큰 힘을 자랑했던 로마 제국의 식민지였다는 점을 알 필요가 있다.

오늘 본 이야기의 주인공인 예수의 부모 마리아, 요셉의 피난 여정은 단순히 어린 아이를 살리고자 하는 부모의 절절한 상황의 몸부림이기도 하지만, 어찌 보면 이런 제국의 지배와 억압에서 벗어나고자 하는 저항의 여정, 그 탈출의 여정을 보여주는 성공적인 이야기로 이해할 수 있다. 또한, 동방 박사의 방문이야기 역시 이러한 저항의 모습으로 그릴 수 있다. 마치 모세의 죽임을 지혜롭게 피하고 모세를 살려낸 히브리 산파처럼, 동방 박사들 역시 지혜롭게 헤롯왕의 명령을 피해서마1:12 아기 예수의 탄생을 보호했기 때문이다. 이 이야기는 요셉의 입을 통해 드러낼 것이다. 더불어 다문화 관점에서 볼 때 예수 탄생이 인상적인 사실은 이러한 동방 박사들이 유대인이 아니고, 다른 인종, 다른 문화를 대변한다는 점이다. 즉, 예수님이 탄생하기 이전부터 그리고 태어나 피난민으로서 어린 시절을 보내는 과정에 다문화라는 경험, 다른 이들과의 만남과 돌봄이 예수님의 사역과 이후 삶에 결정적인 역할을 했다고 상상할 수 있지 않을까? 이 이야기는 그 점을 상상력 메우기를 통해 나타내고자 한다.

또 한 가지, 이야기를 읽는 데 도움이 될 배경지식은 마태복음과 누가복음 간의 차이부분이다. 마리아가 임신소식을 듣고 친족 엘리사벳을 찾아가는 이야기는 마태복음에는 나와 있지 않고, 누가복음에만 포함되어 있다. 마태복음이 정혼한 약혼자 요셉의 긍정적인 역할을 부각시킨다면, 누가복음에서는 엄청난 임신소식을 친족 엘리사벳의 도움과 함께 성숙한 믿음으로 응답하는 마리아의 모습을 드러내고 있다. 그런 점에서 이 이야기는 마태복음과 누가복음을 함께 보면서 누가복음에 나오는 마리아찬가에서 주님의 종으로 자신의 소명을 고백하는 마리아를 그리고자 하며, 그 소명감이 결국 그를 강하고, 지혜로운 예수의 엄마로서 신앙의 여성으로서 인도하는 것을 염두에 두고 이야기를 엮고자 한다.

■ 참고문헌

Warren Carter, "The Gospel of Matthew." in *Postcolonial Commentary on the New Testament Writings*. Fernando F. Segovia and R. S. Sugirtharajah, eds. T & T Clark, 2005. pp. 69-104.

Joanna Dewey, "The Gospel of Matthew." in *Searching the Scriptures. Volume Two: A Feminist Perspectives*. Elisabeth Schussler Fiorenza, ed. New York: Crossroad, 1994. pp. 635-667.

Amy-Jill Levine, "Matthew." and Jane Schaberg. "Luke." in *The Women's Bible Commentary*. Carol Newsom and Sharon Ringe, eds. Louisville: Westerminster/John Knox Press, 1992. pp. 275-292.

> 독 백

예수 가족: 죽음을 피하고 죽임에 저항한 피난민 가족

그 모친 마리아가 요셉과 정혼하고 동거하기 전에…아들을 낳으리니 그 이름을 예수라 하라…. 헤롯왕 때에 예수께서 유대 베들레헴에서 나시매…주의 사자가 요셉에게 현몽하여 가로되 헤롯이 아기를 찾아 죽이려 하니 일어나 아기와 그의 모친을 데리고 애굽으로 피하여 내가 네게 이르기까지 거기 있으라 하시니 요셉이 일어나서 밤에 애굽으로 떠나가 헤롯이 죽기까지 거기 있었으니. 마1:18,21, 2:13-14

마리아: 나는 작은 고을 베들레헴에서 태어나고 자랐어요. 우리 동네는 로마 식민지였거든요. 그래서 얼마나 살기가 어려웠는지요. 우리 살기도 어려운데, 로마 정부는 언제나 우리가 애써서 가꾼 곡식, 키운 가축들을 세금이라면서 거두어 갔어요. 우리 지역을 통치하는 헤롯은 특별히 무섭고 잔인한 독재자였어요. 물론 다들 두려움에 떨긴 했지만, 나는 그렇게 무서워하지 않았어요. 왜냐고요? 나는 하나님의 놀라운 힘을 믿거든요. 그분이 권세 있는 자들을 내리치고, 나처럼 보잘것없는 이들을 일으켜 줄 거라는 믿음이요. 남들이 볼 수 없는 나만의 빽이 있었죠.^^ 그렇다고 해서 내 삶이 바뀐 건 별로 없었어요. 여자인 나는 학교는커녕 교육도 못 받고 매일

끼니 걱정하느라 온갖 일을 하면서 컸어요. 아기를 낳을 수 있는 나이가 되자 부모님은 바로 요셉이라는 친구와 정혼을 시켰지요. 결혼이라도 해서 남편을 가져야 그나마 생존할 수 있었으니까요. 우리 조상 다윗왕의 증조할머니 이야기 아시죠? 첫 남편을 잃고 시어머니 모시고 살다가, 결국 살려고 보아스와 결혼해야 했지요. 그 당시도 그랬지만, 지금도 여전히 여자는 남편이 없으면 살아남기 어려우니까요.

그런데 어느 날 이상한 일이 생겼어요. 꿈에 하나님의 천사인 분이 나타났어요. 그분이 어떻게 생겼는지는 기억이 안 나는데, 그분이 하신 말씀은 지금도 절대 잊혀 지지 않아요.

"네가 하나님께 은혜를 입었느니라. 보라 네가 잉태하여 아들을 낳으리니 그 이름을 예수라 하라 그가 큰 자가 되고 지극히 높으신 이의 아들이라 일컬어질 것이요"눅1:31-32란 엄청난 예언의 말씀이 제 귀에 똑똑히 들리는 거예요.

독재자 헤롯도 무서워하지 않은 나인 거 아시죠? 어릴 때부터 나는 동네에서 믿음 좋은 아이로 칭찬을 받았지요. 나는 비록 내가 천한 집안에서 태어나 종처럼 부자들의 명령을 듣고 살아야 하는 운명이라도, 그 운명은 바뀔 수 있다고 생각해 왔거든요. 왜냐하면, 나의 삶을 구속하는 분은 오직 하나님이기 때문이지요. 그런 믿음을 가지고 살았던 내가 그 천사의 말을 듣는데, 왜 그렇게 두렵고 무서웠는지요! 결혼도 안 하고, 이렇게 어린 나이에 애를 낳는다니, 이런 청천벽력 같은 일이 왜 나에게 일어나야 하는지 도저히 이해할 수 없었어요. 근데 더 기가 막힌 건, 요셉도 똑같은 꿈을 꿨다는 거예요. 천사가 말하기를, "마리아가 다른 남자랑 사고 친 거 아니라고, 그러니까 그를 버리지 말라고" 했다네요. 원래 결혼 전 애를 가지면, 그것도 정혼한 남자가 아닌 남자랑요, 그건 죽음이었거든요. 우리 유대 사람 전통상 돌로 맞아 죽음을 당할만한 일이 터진 거죠. 내가 무서워할 만하지요? 물에 빠진 자가 지푸라기라도 잡는 심정으로 나는 내가 가장 믿고 의지하는 친척인 엘리사벳을 찾아갔어요. 석 달 동안, 울고, 불고, 마음속 이야기를 털어놓고, 그분의 용기와 위로를 들으면서 그분과 함께 시간을 보냈어요. 그런데 그러는 중에, 하나님의 뜻이 보이기 시작했어요. 마음도 편해지고, 그놈의 입덧도 거의 없어지고, 몸도 편안해지면서 은혜로 충만해 지더라고요. 내가 믿는 그 하나님이 나와 함께 하는구나, 내 아들과 함께 하시는구나, 그걸 확실히 느끼겠더라고요. 감히 무식한 나, 가난한 이 미혼모를 통해 하나님께서 역사 하신다 생각하니 그 감동과 은혜가 몰려오는데, 눈물이 줄줄 나면서, 마치 하늘을 날 듯 말로 할 수 없는 기쁨이 넘치더라고요. 그래요. 그렇게 기쁘고 감사하게 아이를 낳았지요. 남편 요셉이 고생 많이 했지요. 참 좋은 남편이에요.

요셉: 결혼을 해서 한집안의 가장이 되는 게 이렇게 힘든가요? 정혼은 했지만, 정식으로 아직 결혼도 안한 제 약혼녀 마리아가 애를 배서 겪은 일이 쉽지 않은 것은 이해하시겠죠? 우리 율법에 의

하면 순결의 표적이 없을 때, 그 여성은 돌로 쳐서 죽이라는 가르침이 있거든요. 이 율법 적용을 두고, 많은 논쟁과 소문이 돌았지요. 그로 말미암아 마리아가 당한 고생에 비하면 제가 받은 어려움은 별 게 아닐 수도 있지만, 저도 힘들었습니다. 시간이 지나니까 쑥덕대고 구시렁대던 소문도 잦아지고, 견딜만해 지니 아기 예수가 태어났지요. 결혼도 안 한 상태에서 살 집도 없는데, 어디서 애를 낳을지 그 장소를 찾는 데도 고생을 무진장 했습니다. 어차피 더 비참해지니까 그 얘기는 그만하지요. 애가 태어나니 우리 가족 소문이 잠잠해지더라고요. 제가 이래 봬도 꽤 잘나가는 목수거든요. 미천하지만, 순식간에 집을 지었죠. 자그마한 아이 방도 만들어놓고 이제 숨을 돌릴까 했더니 어느 날 밤 동방 박사라는 타지방에서 온 사람들이 우리 집을 방문했어요. 들은 적도 본 적도 없는 귀한 선물들을 들고 와서는 우리 아기 예수에게 경배를 드리는 거였어요. 어차피 그 유식한 말로 선물의 의미를 설명하는 박사들의 이야기를 잘 알아듣지도 못했습니다. 심지어 다른 나라 말을 썼으니 더 알아듣기 어려웠고요. 그런데 그 경배하는 몸짓으로 저는 이들이 동방 박사라는 걸 알았고, 왜 왔는지도 알았지요. 사실 이들에 대한 소문이 마을에 돌긴 했지요. 그 소문을 듣긴 들었는데, 저는 저희 집안 소문이 잠잠해지니까 할 일 없는 사람들이 또 쑥덕쑥덕 하나보다 하고 신경을 끄고 있었지요. 소문인즉, 별을 보고 미래를 점칠 수 있는 학식이 높은 동쪽에서 온 외국인들이 어떤 별을 봤는데, 그 별이 바로 우리 유대민족을 구원할 왕의 탄생을 예견한다는 소문이었지요. 왜 이런 얼토당토않은 소문이 우리 동네 사람들의 귀를 쫑긋 세우게 했느냐면, 그 아기가 바로 우리 동네에서 태어난다는 사실 때문이었죠. 아시겠지만, 우리 베들레헴은 세상의 눈으로 볼 때 별거 없는 동네거든요. 제 고향은 예루살렘과 비교하면 상대가 안 될 정도로 가난하고 소외된 동네이죠. 그야말로 개천에서 용이 나온다는 속담도 우리 동네에는 거창할 정도로 보잘것없는 지역인데, 여기서 유대인의 왕이 태어난다니요? 거기다가 그 아기가 바로 제 아들이라는 사실은 아닌 밤에 홍두깨도 유분수라고 도대체 말이 안 되는 곤란한 이야기였죠. 그런데 이 박사들이 우리 집까지 찾아온 그 일은 그분들 처지에서 보면 엄청나게 용기 있는 행동이었다는 것도 알게 되었어요. 왜냐하면, 헤롯왕이 그들에게 그 아이를 찾아서 알려달라고 명령을 했는데, 그 명령에 불복종하고 우리 예수를 보호했다는 사실이죠. 그들이 떠나고 꿈에 천사가 나타나서는 나보고 짐을 싸고 가족들을 데리고 베들레헴을 떠나라는 거예요. 이놈의 못된 로마제국 헤롯왕이 우리 아이, 예수를 찾고 있다고, 찾으면 죽인다는 거예요. 아니, 우리 아들 한 명을 죽이려고 두 살 아래 아들들을 다 죽인다는 거예요. 그야말로 인종학살이죠. 이게 업일까요? 옛날 우리 조상 모세도 종살이하던 민족을 구하느라 이집트 맏아들을 죽이는 일을 했는데, 어쩜 그 똑같은 일이 이제 우리 민족에게 닥친 거지요. 어떻게 낳은 아들인데, 여태껏 제가 가장으로 우리 가족을 위해 고생한 그걸 생각하니 도저히 그냥 있을 수가 없더라고요. 첫 아들을, 아무 죄 없는 그 어린 아이를 그렇게 죽도록 내버려 둘 수는 없었지요. 그래서 헤롯이 다스릴 수 없는, 건드릴 수 없는 나라인 이집트로 피난을 갔답니다. 삶이 아이러니죠? 우리를 종 삼아 부를 누렸던 또 다른 제국 이집트가 수백 년이 지나 우리를 보호해주는 나라가 되다니…헤롯이 죽기까지 한 10년 거기서 산 거 같아요. 피난민으로요. 말도 안 통하고, 가족도 없는 그곳에서 참 어떻게 살았는지. 그래도 하나님은 의로우시고 은혜로운 분이십니다. 그 피난민 생활을 하면서 좋은 친구들을 만나게 해 주셨거든요. 저희처럼, 죽음을 피해 도망 온 사람들, 비록, 피부색도 다르고, 언어도 안 통하지만, 우리는 한 가족처럼 서로 돌보면서 살았어요. 심지어 우리가 별로 안 좋아했던 다른 종교를 가진 친구들도 만났어요. 우리는 그 친구들의 신앙생활에 감동하였어요. 그들이 믿는 신도 멋진 분이더라고요. 자비롭고 정의롭고 그런 분인 걸 알게 되었지요. 덕분에 우리 아들 예수도 여러 사람 만나면서 세상 경험 많이 한 거 같아요. 저는 돈 벌러 다니느라 집에 많이 있지는 못했지만, 엄마 마리아가 옆에서 그걸 다 목격했으니까요. 제가 이야기하는 것보다 마리아가 직접 이야기하는 게 더 낫겠네요.

마리아: 맞아요. 우리 아이 예수는 우리가 돈으로 해 줄 수 없는, 아니 부모로서 해 줄 수 없는 지혜를 다른 인종, 다른 문화를 지닌 친구들을 통해 많이 얻은 거 같아요. 개가 한 바퀴만 돌면 다 볼 정도로 작은 베들레헴에서만 쭉 컸다면, 그 넓고 높으신 하나님의 뜻을 충분히 알지 못했을 거예요. 자신이 부름 받은 그 소명도 제대로

달성하지 못했을지도 모르지요. 지금 지나고 보니까 태어나서 처음 10년이 중요하더라고요. 엄마로서 교육자로서 볼 때 그 시기 아이들을 어떻게 키우는가가 절대적으로 중요한 거 같아요. 나와 다르다고 위험할지도 모른다고 아이를 보호하기보다, 그 아이가 다름을 배우며 경험할 수 있도록 방치 아닌 방치, 그 자유를 부여해 줄 필요가 있다는 걸요. 신앙적, 신학적으로 말하면 그게 하나님께서 우리 삶을 주관하시도록 성령의 힘을 의지하는 거라고 볼 수 있죠.

우리 가족은 이집트에서 피난민 생활을 끝내고 고향 베들레헴으로 돌아오지 못했어요. 못된 헤롯은 죽었는데 여전히 그 아들 아켈라오인지 하는 임금이 여전히 억압하고 못된 짓을 해서 우리는 고향으로 안 가기로 했지요. 결국, 베들레헴처럼 비슷한 크기의 작은 갈릴리 지역 나사렛으로 이주했어요. 우리 아들 예수는 거기서 평생을 산 셈이죠. 물론, 평생 이곳저곳 돌아다니는 삶이었기에 딱히 거기도 고향이라고 말할 수는 없지만요. 엄마 뱃속에서부터 배운 그 이사 이주의 여정이 아들 몸에 배었을지도 모르겠어요. 아니 그 아이 유전자 안에 이미 있다고 말해도 과언이 아닐 거예요.

지금 생각해보면, 고향home은 꼭 내가 태어난 곳만은 아닌 거 같아요. 내가 어디 있던지, 고향처럼 의지할 수 있고, 나를 받아주고, 내 삶을 나눌 이웃이 있는 곳이면, 어디건 고향이 아닐까 그런 생각을 해 봐요. 많은 이가 전쟁, 죽음, 재해를 피해 고향을 떠나야 하는 이런 시대에 우리가 살고 있잖아요? 그러니까 고향을 고수하지 말고, 내가 머무는 그곳을 고향처럼, 아늑한 집처럼 만드는 일이 중요한 거 같아요. 그리고 누구든 와서 쉴 수 있는 곳으로 받아주고 감싸주는 곳, 그런 세상이 우리가 꿈꾸는 하나님나라 아닐까요? 내가 임신을 하고 예수의 엄마로서의 소명을 받아들이면서 감사의 찬양과 기도를 드린 것처럼, 능하신 이, 우리의 하나님의 그 긍휼하심이 온 세상에 퍼져 비천한 자를 높이시고, 주리는 자를 좋은 것으로 배를 불리셨으며, 부자를 공수로 보내시는 그 세상이 오도록 함께 기도해 봐요.

사 례

▶ 최근 들어 다문화가정 학부모의 삶의 질 개선과 유대 강화에 대한 관심이 날로 고조되고 있는 가운데 고흥교육청이 6개국 25명의 회원으로 다문화 학부모 동아리를 조성해 활발한 자조自助 모임을 하고 있다. 이번 모임은 학부모의 자긍심을 높이고, 자녀와의 관계 증진에 대해 도움을 주려고 한국비전교육에서 활동하는 전문 강사를 초빙해 생생한 비전 그리기, 긍정의 마인드 갖기, 자녀와의 관계 증진방법 등에 대한 강의를 통해 성공한 삶을 살아갈 수 있도록 방향을 제시했다. 모임에 참석한 알파(필리핀)씨는 "지금까지 욕심만 많아서 아이들에게 무조건 공부하라고만 했는데, 네 꿈이 무엇이니? 이렇게 물어보아야 한다는 것을 알았으며, 꿈을 이루려면 해야 할 일을 아이와 함께 당장 써 보겠다며" 교육내용에 대해 만족감을 나타냈다.

(출처: 전남인터넷신문 2012/1022)

▶▶ 국제결혼을 통하여 한국에 이주하는 여성들은 첫 임신인 경우가 많다. 당연히 임신과 출산을 스스로 돌볼 수 있는 능력도 부족하고, 언어와 정보의 협소에 따라 기본적인 상식을 갖기도 어렵다. 출산 이후 산후조리를 제대로 못 하는 경우가 태반이며 만성질

환에 걸리는 때가 많다. 육아문제는 더 힘든 문제다. 아이 젖 먹이는 방법이나 육아법을 잘 모르기 때문에 아기가 영양실조에 걸리는 일도 있고 병을 키우기도 한다. *(출처: 한국이주여성인권센터)*

▶▶▶ (사)포항여성회 부설 파랑새이주여성센터(센터장 강은희)는 포항시의 후원으로 초등학생 자녀를 둔 다문화가정의 엄마와 자녀 5쌍을 대상으로 '엄마와 함께 떠나는 다문화 세상' 프로그램을 8월까지 진행한다. 지난 6월 26일 개강식과 함께 총 15회로 열리는 교육은 엄마 나라와 아빠 나라의 문화가 달라 아이가 겪을 수 있는 정체성 혼란을 예방하고자 마련됐다.

'엄마 나라 이해하기 프로그램(5회)', '엄마 당사자 자존감 향상 프로그램(5회)', '다문화가정 자녀와 엄마관계 강화 프로그램(5회)' 등 다문화에 대한 이해도를 높이기 위한 강좌로 구성됐다. 개강식에 참석한 중국 출신의 전태옥씨는 "평소 나에 대해 생각해볼 기회가 별로 없었는데 이번 프로그램을 통해 나 자신을 되돌아본 기회를 얻게 됐다."라며 "두 아이(9세, 11세)가 다문화가정 자녀로서 겪는 차별과 불안을 없애는 기회가 됐으면 좋겠다."라고 희망했다. 강 센터장은 "이번 프로그램을 통해 자녀는 엄마 나라를 이해하고, 엄마는 자존감을 향상시켜 서로 친밀과 존중, 상호 소통으로 이어지길 기대한다"고 밝혔다. *(출처: 여성신문)*

나 눔

함께 생각해 봅시다

1. 이주민이 한국에 와 정착하기까지 가장 어려운 점은 무엇일까요?

2. 언어나 문화의 장벽을 허물도록 교회, 사회, 학교가 준비해야 할 것은 어떤 것이 있을까요?

9장. 왕따로 고생하는 딸과 엄마-수로보니게 여성

배경 이야기

〈마태복음15장/마가복음7장〉

가나안의 수로보니게 여성과 그 딸

신약성서의 복음서에는 예수님과 대화한 사람들이 아주 많다. 예수님과 같은 인종인 유대인뿐 아니라, 유대인과 사이가 안 좋은 외국인들까지도 예수님의 대화 상대였다. 오늘 우리가 살펴볼 수로보니게 여성, 유대인이 아니라 외국인인 이 여성은 대화 중 예수님의 의견에 자신의 주장을 하며 예수님의 마음을 돌리는 데 성공한 거의 유일한 대화상대로 알려졌다.

이 성서 본문은 유대인의 순수 혈통과 정결법, 그 때문에 외국인을 불결하고 거룩하지 못한 존재로 여겨 배척하고 차별하는 당시 상황에서 이해해야 한다. 본문 바로 이전에 예수님의 정결법 논쟁과 안식일에 대한 재해석 이야기막7:1-23가 그러한 상황을 잘 설명한다.

성서에 등장하는 인물의 정체성을 알려면 그 인물이 어느 동네 출신인지 아는 것이 중요하다. 특히 여성은 이름이 없는 경우가 대부분이기 때문에, 그 여성의 정체성은 어느 지역 출신인가가 결정한다. 이 장에서 우리가 함께 그려낼 성서 인물은 가나안 여성마태복음이나 수로보니게 여성마가복음으로 등장한다. 본문의 주인공이 유대인이 아니고, 남성이 아니라는 점에서, 이 여성은 유대 율법의 관점에서 보면 당연히 불결하며 선택받지 못한 인물이고 성차별, 인종차별, 종교차별을 받는 존재이다. 그러나 이 여성은 페니키아 출신이므로 그리스 제국에 속한 지배계층의 헬레니즘 문화를 누렸을 것이다. 따라서 성서는 이 여성이 단순히 차별받는 열등한 여성이 아닐 수 있다는 점을 간접적으로 암시한다고 볼 수 있다. 특히, 대화가 논쟁으로 바뀌는 내용 중, '아이와 개'의 비유가 바로 이 점을 잘 증명해준다. 학자들의 연구에 의하면, 아이를 개로 표현한 것은 당시 유대인 사회에서 유행하던 속담으로 볼 수 있다. 유대인이 아닌 이 여성이 당시 사회에 통용되던 이러한 속어를 이해하고 있었다는 점과 그 지식이 결국 예수님과의 논쟁에서의 승리와 하나님의 뜻을 드러내도록 이끌었다. 여기서 우리는 단순히 예수님은 자비를 베푸는 강자이며 예수님의 대화 상대인 가나안 여성은 무식하고 자비가 필요한 약자라는 도식적 이해가 성서를 읽는데 도움이 되지 않는 걸 확인할 수 있다. 왜냐하면 주인공이 단순한 희생자, 즉 어떤 것도 대변할 수 없는 약자가 아님을 알 수 있기 때문이다. 오히려, 이방인이나 여성으로서는 약자지만, 사회 경제 정치적 관계에서 당당하게 예수님과 논쟁을 벌일 수 있는 강자임을 알 수 있다. 또한, 이 대화를 통해 하나님의 가르침이 훨씬 명백하게 보이기 때문이다.

대부분 성서 주석가의 전통적 성서 해석은 신앙인의 본보기로 이 여성을 추앙한다. 당신 딸을 살리려고 무릎을 꿇고 예수님께 매달린 엄마로, 기도와 모성의 모범으로, 더 나아가 믿음으로 기도하면 다 된다는 기복신앙의 잣대로 사용되면서 이 이야기는 많은 그리스도인에게 사랑받고 있다.

그러나 우리는 이 이야기를 새롭게 그리면서 전통적 해석을 벗어나, 그 여성이 이방인이었고 이주여성이었다는 점을 강조하려고 한다. 더불어, 가부장제 안에서 겪는 여성으로서의 고통과 유대인이 아니기 때문에 겪는 인종차별을 어떻게 지혜롭게 극복하는가를 드러내고자 한다. 중요한 점은 이 여성의 딸이 앓는 정신병, 귀신들린 병을 왕따 때문에 생긴 병으로 조명해서, 다문화 사회에서 다름을 인정받지 못한 이주민 학생들이 얼마나 고통을 겪는지 그들의 삶을 조명하는 기회가 되길 바란다. 더불어 소위 사회에서 낙인찍히고 정결하지 못한 죄인으로 정죄 받는 귀신들린 병이, 실제로는 누구나 겪을 수 있는 사회적 병임을 제안해 보고자 한다. 그렇게 읽어낼 때, 성서에서 다양하게 등장하는 인물들이 겪는 아픔의 현실이 개인적, 유전적 문제가 아니라, 사회가 만들어낸 사회적 질병임을 일깨워 줄 수 있다고 본다.

■ 참고문헌

권미경, "용기와 지혜의 인물-수로보니게 여성", 『새롭게 읽는 성서의 여성들』한국여신학자협의회 엮음. 대한기독교서회, 1994년, 361-372쪽.

Joanna Dewey, "The Gospel of Mark" (pp. 470-509) and Elaine Wainwright, "The Gospel of Matthew" (pp. 635-677) in *Searching the Scriptures. Volume Two: A Feminist Perspective*, Elisabeth Schussler Fiorenza, ed. New York: Crossroad, 1994.

Francis Dufton, "The Syrphoenician Woman and Her Dogs," *Expository Times 100* (November 1989).

Kwok, Pui-lan, *Discovering the Bible in the Non-Biblical World*. Maryknoll, New York: Orbis, 1995.

> 독 백

왕따로 고생하는 딸과 그 엄마가나안 여성의 절절한 고투

가나안 여자 하나가 … 소리질러 이르되 주 다윗의 자손이여 나를 불쌍히 여기소서 내 딸이 흉악하게 귀신들렸나이다 … 예수께서 대답하여 이르시되 나는 이스라엘 집의 잃어버린 양 외에는 다른 데로 보내심을 받지 아니하였노라 … 자녀의 떡을 취하여 개들에게 던짐이 마땅하지 아니하니라 여자가 이르되 주여 옳소이다마는 개들도 제 주인의 상에서 떨어지는 부스러기를 먹나이다 하니 이에 예수께서 … 여자여 네 믿음이 크도다. 네 소원대로 되리라. 마15:22-28

더러운 귀신 들린 어린 딸을 둔 한 여자가 … 자기 딸에게서 귀신을 내쫓아 주시기를 간구하거늘 예수께서 이르시되 자녀로 먼저 배불리 먹게 할지니 자녀의 떡을 취하여 개들에게 던짐이 마땅치 아니하니라 여자가 대답하여 이르되 주여 옳소이다마는 상 아래에 있는 개들도 아이들이 먹던 부스러기를 먹나이다 예수께서 이르시되 이 말을 하였으니 돌아가라 귀신이 네 딸에게서 나갔느니라. 막7:25-29

나는 페니키아 출신 가나안사람이에요. 나는 고향에서 꽤 잘 나가는 상류층이었지요. 능력 있는 남편을 만나 잘 살았어요. 당시 헬레니즘 문화가 다 그러했듯이 나는 결혼한 여자로서 남편을 잘 돌보면서 알뜰살뜰 집안일을 담당했답니다. 신혼생활을 꾸리는 중에,

어여쁜 딸도 태어났고요. 정말로 행복한 10년이었지요. 그런데 얼마 전에 남편이 출장에서 돌아오는 길에 사고를 당해 하늘나라로 갔답니다. 천청벽력 같은 그런 사고가 내 삶에도 닥친 거지요. 남편의 수입 없이 그동안 모은 재산으로 살림을 꾸리는 일도 쉬운 일은 아니었지만, 제일 힘들었던 건, 가는 곳곳마다 남편과의 추억이 떠올라서 정신적으로 견디기 어려운 것이었답니다. 몇 날 몇 밤 울고불고하면서 날을 새던 중에, 그런 여러 고민과 기도 끝에, 나를 외롭게 만드는 이 고향, 페니키아를 떠나기로 했지요. 상류계급 출신도 과부가 되니까 별로 의미가 없더라고요. 딸이 아직 어릴 때 빨리 움직이는 게 어차피 낫겠다 싶기도 했고, 내가 정신을 차려야 아이도 큰 상처 없이 크겠다 하는 마음에 고향에 있던 짐을 다 정리하고, 두로 지방으로 이주했어요. 그렇게 이주해서 산지가 거의 3년이 다 되어가요.

과부의 삶, 여성의 삶, 이주의 삶이 이렇게 힘든 건가요?

내 삶의 고통은 끊어지지 않고 계속 되었어요. 사별의 아픔이 잠잠해지고, 혼자 사는 삶도 슬슬 적응되고 있었지요. 그런데 문제는 우리 딸이 적응을 못 하고 있다는 겁니다. 고향을 떠난 이유 중 절반은 우리 딸의 미래를 위한 거였는데, 내 결정이 옳지 않았나 봐요. 딸이 이주한 타지에서 적응을 못 하고, 친구도 못 사귀고, 방황하고 있는 거죠.

어느 날, 아이가 집 밖에서 놀고 있었어요. 나는 그때 집에 없었고요. 나중에 들은 이야기를 종합해 보면, 우리 딸이 다른 애들과 싸우다가 기절을 했고, 주변에 있던 사람들이 정신이 들도록 애써서 겨우 깨워놓고 나니, 우리 딸이 미친 아이처럼 소리를 지르고 난리를 치고 있다는 거였어요. 이번 사건이 왠지 예사롭지 않다는 느낌이 오면서, 불안하고 떨리는 내 가슴을 꼭 죄어 매고 정신을 차리고 사건을 수습하려고 했습니다. 우리 아이를 본 많은 사람이 야릇한 표정을 지으면서 우리 딸이 정신병에 걸렸다고 그렇게 말했어요. 기분이 나쁘기도 했고, 믿기지 않은 것도 사실이었죠. 또 몇 날 몇 밤 울고불고했지요. 우리 딸을 붙잡고, 도대체 이유가 뭐냐고, 왜 이상한 짓을 하느냐고? 닦달을 하면서요. 결국, 대안이 없었어요.

그 상황을 목격한 아이들과 어른들 이야기를 들어보니 우리 아이의 이런 모습이 처음이 아니었다는 걸 아이들 친구들이 말해 주었고요. 나는 결국 우리 아이의 상황을 인정하기로 했고, 이 정신병은 전문 도움을 받아야 하는 문제라고 결정을 내렸지요. 자존심이 강한 내가 이런 현실, 세상 사람들이 손가락질하는 비웃음을 견디면서 이런 현실을 인정하는 건 정말 힘들었어요. 그렇지만, 내 자존심이 중요한 게 아니라, 애를 살려야겠다는 강한 의지가 어디에서부터인지 솟아오르더라고요. 남편과 사별하고 한동안 내가 앓던 그런 정신병, 그 외로움, 두려움, 그런 불안정한 생각들이 우리 딸에게도 있는 것이 아닐까 의심하면서, 엄마로서 당당해져야겠다는 생각이 확 들더라고요. 남편을 잃고 딸까지 잃는다면, 내 삶도 끝이다 하는 무서운 생각이 들면서, 그런 일만은 막아야지 하는 결단이 확고하게 들어섰습니다.

　몇 달 동안 두로지방에서 유명하다 하는 점치는 자들을 찾아다 녔지요. 그런 노력 끝에 괜찮은 분을 만났어요. 감사한 것은 이 선생님을 통해 왜 우리 아이가 이렇게 아파하는지 그 병의 원인을 찾아낸 사실입니다. 그건, 바로, 딸이 새로운 지역으로 이주하고 나서 그 지역의 텃새를 받아왔던 거예요. 동네 친구들이 우리 아이를 놀이에 안 끼워주고, 따돌리는 그 반복적인 행위가 우리 딸의 정신 상태를 망가뜨렸다고 족집게처럼 그 원인을 짚어 주더라고요. 한마디로 정리를 하면 우리 딸이 다른 피부, 다른 인종, 그리고, 다른 언어를 쓴다는 게 왕따의 이유였죠. 이른바, 다름이 잘못이고, 죄라는 겁니다. 문제는 우리 딸이 아니라, 왕따가 그 정신병의 뿌리였다는 걸 알게 된 거죠. 그런데 엄마인 나는 왜 그걸 미리 몰랐느냐고요?

　우리 딸이 내게 단 한 번도 이런 이야기를 꺼내지도 몸으로 드러내지도 않았거든요. 딸이 워낙 착하고, 바른 아이라서, 나는 꿈에도 친구들에게 왕따를 당할 줄은 상상도 못했지요. 성격적으로 착하고, 순한 우리 아이가 아무리 노력해도 고칠 수 없는, 피부색, 사투리를 가지고 놀려댔으니, 정신이 돌만도 하지요. 거기다가 이국땅에서 그렇지 않아도 힘든 엄마에게 자신까지 힘든 짐을 주어선 안 되겠다 해서, 거의 2년 동안 꾹 참고, 속으로만 삭인 거지요.

　그렇지만, 지금 생각해보면 조금 늦긴 했지만, 이런 차별의 현실에 분노가 솟아오르지만, 정신병의 원인이 어디에서 왔는지 찾아내는 지혜를 주셨다는 점에서 위로가 되는 것도 사실입니다.

피부색이 다르고, 사투리 있는 완벽하지 않은 언어를 쓰는 건 어른인 나도 딸과 마찬가지지요. 아니, 내 상황이 더 나쁠 수도 있지요. 그렇지만, 아직 동심이 마르지 않은, 한 인간으로서의 정체성을 세우려고 심적으로 육체적으로 변화를 겪는 청소년 시기에 이런 일을 당하는 것이 우리 딸에게 치명적인 상처를 준 거 같아요. 소위 좋은 집안에서 우아하게 커 온 내가 이 사건을 거치면서 운동가, 활동가가 되었어요. 화도 낼 줄 알고, 소리도 지를 줄 알고, 그렇게 변했습니다. 그러나 이렇게 강하게 변한 내 능력과 힘으로 딸의 병이 다 나으면 얼마나 좋겠어요? 여전히 우리 딸은 아프죠. 온전히 나으려면 시간과 인내가 필요하겠지요. 병의 원인을 아는 걸로 완전히 치유 될 수 없기 때문이지요.

그런 와중에 예수라는 사람이 저희 동네를 지나간다는 소식을 들었어요. 동네방네 이 분에 대한 소문이 자자했거든요. 아픈 이들을 치유하고 약자를 보호하고, 악한 일을 하는 자들을 혼내주는 어마어마한 지도자라고요. 종교, 성별, 인종, 문화, 모든 면에서 나와 다른 분이긴 하지만, 그분께 딸 상황을 말하면 왠지 우리 딸이 그야말로 왕따에서 해방되는 치유가 일어날 수 있으리란 희망을 품고, 나는 예수님을 만나 뵙기로 했지요.

그런데 그 예수님은 내가 상상하던 자상하고 사랑이 넘치는 분이 아니었어요. 적어도 나와의 대화에서는 정반대의 모습을 보여주셨지요. 처음엔 충격적일정도로 배타적인 말씀을 하시면서, 우리 딸 이야기 듣기를 거부하셨지요. 그 예수를 따르던 제자들은 어떻고요? 얼마나 나를 두고 냉대를 해대는지… 원…. 산전수전 다 겪은 내가 그렇다고 여기서 물러나겠어요? 이제 꽤 싸울 줄 아는 활동가가 되었잖아요. 그런데 재미있는 건, 예수님이 사용한 그 용어였어요. "아이들이 먹을 빵을 집어서, 개들에게 던져주는 것은 옳지 않다"라는 거예요. 우리 딸이 아이인데, 왜 그 아이를 두고 개라고 표현하는 걸까? 듣는 여러분도 그런 의심이 생기지요? 나도 이 이야기를 처음 들었더라면 당연히 그렇게 생각했을 거예요. 그런데 다행인 건 난 이미 이런 용어, 아니 당시 헬레니즘 문화에서 속어로 돌던 그 의미를 알고 있었거든요. 내가 이래봬도 꽤 가방끈이 길거든요. 유식하고, 잘 나가는 집안 출신인 거 이미 말씀드렸지요? 헬레니즘 문화권에서 다른 지방, 인종 출신인 사람을 비하하는 이 용어가 요즘 여기 두로 지방, 시골까지 퍼져서 동네 아이들에게 마구 퍼지는 유행어가 될 줄 누가 알았겠어요?

우리가 사는 두로지방은 다양한 인종들이 살지요. 큰 도시 두로와는 달리 가난한 사람들이 많이 사는 시골이기도 하고요. 물론, 예수님과 같은 인종인 유대인도 많이 모여 살지요. 농사를 짓는 가난한 농부출신 부모를 둔 아이들이, 페니키아 상류층 출신인 우리 딸의 외모, 풍기는 인상이 예뻐 보이지는 않았던 거 같아요. 사실 속을 들여다보면, 더는 우리가 부자가 아니므로 별다른 게 없긴 하지요. 그렇지만 겉으로, 그 피부색과 언어에서 풍겨내는 그 이미지가 그렇지 않아도 소수민족으로 박해받으며 사는 유대 출신 어린 학생들의 자존심을 건드린 거 같아요. 또 "개"라는 표현은 율법을 모르는 이방인을 두고 칭하는 속어거든요. 우리가 가나안 사람이니까 이방인이지요. 당연히 유대인의 율법, 종교 전통을 모른다고 생각했겠지요.

이야기가 딴 데로 빠졌네요. 예수님과 나눈 대화로 다시 돌아가 봐요. 속어 개로 우리 딸을 지칭한 그 문제는 율법을 모르는 자는, 그 율법종교에 속하지 않으면 차별받아도 된다는 뜻이었을까요? 우리 딸이 인종, 언어, 종교, 문화가 다르니까 왕따를 당해도 싸다는 뜻으로 예수님은 그렇게 말씀하셨을까요? 나는 나대로 예수님께 도전하기로 했지요. 한번 붙어보자, 누구 말이 진실인지 따져나 보자는 심정으로 논쟁을 붙였지요. "주님, 그러나 상 아래에 있는 개들도 아이들이 흘리는 부스러기는 얻어 먹습니다"라고요.

처음 만난 분이지만, 깍듯하게, 품위 있게 교양을 갖추어, 나는 예수님을 "주님"으로 칭했습니다. 그러고는 내 간절한 요구를 무참히 거절한 그 내용에 "그렇습니다"라고 동의하면서 예수님께 반격의 도전장을 날렸습니다. 나도 이렇게 예수님을 부른 나 자신에게 놀랐어요. 한 때 많은 종을 거느리고 살던 귀족 출신인 내가, 주인님으로 받들어지던 내가, 제국의 식민지 종 출신인 유대인 남자를 가리켜서 "주인님"이라고 불렀으니 주객이 완전히 전도된 거지요. 그렇지만, 이미 소문으로 알려진 것처럼 예수님은 무언가 다를 거야 하는 믿음 아닌 믿음이 이제 마음속에, 머릿속에 있었던 거 같아요. 물론 저를 차갑게 맞긴 했지만, 세속적인 관점을 뒤집어서 보실 수 있는 그런 지혜로운 분일 거라는 느낌이 있었고요. 아니나 다를까, 예수님은 내가 던진 그 도전장을 있는 그대로 멋지게 받아치셨습니다. 내가 "그렇습니다" 하면서 예수님이 하신 말씀을 받아친 것처럼 예수님도 "네가 그렇게 말하니" 하시며 내 말을 진지하게 들어주셨죠. 당신의 의견을 첨부하거나 수정하는 것이 아니라, 내 말의 진리에 그대로 무게를 실어주신 거죠.

어찌 보면, 아니, 지금 지나고 생각해 보면, 그 무게는 바로, 당신이 원래 가르치고 싶었던 지혜의 말씀을 담은 게 아닌가 싶습니다. 마치 가난하고, 소외받고, 차별받는 이들을 개로 취급해서, 기득권자들이 먹을 떡을 나누지 않는 것은 하나님의 뜻에 어긋난다고 말씀하신 것 같아요.

처절한 삶의 고투 속에서 얻은 지혜가 바로 하나님께서 주신 선물이라는 생각이 들어요. 엄마로서, 이주여성으로서, 소수자로서, 비록 내가 짊어지고 살아갈 복잡한 정체성이 나를 힘들게 하고, 어려운 경험으로 내몰 때도 있지요. 그렇지만, 이런 어려움이 있었기에, 과감하게 예수님이라는 분과 논쟁을 벌이는 용기 있는 삶도 사는 거 아니겠어요?

가장 중요한 것은 이런 삶을 통해 우리 딸을 치유하게 되었고요. 이건 돈으로도, 어떤 명예로도 바꿀 수 없는 소중한 자산인 걸 감사하게 생각하고 있습니다. 더구나, 이제 우리 딸과 함께, 우리처럼 달라서 차별받는 이들을 지지, 옹호, 돌보는 삶을 살게 되어 얼마나 보람 있고 신나는지 모르겠어요.

마지막으로, 왕따는 정말 악한 귀신입니다. 이 귀신에 들리면,

성장하는 아이들을 죽이게 하는 치명적인 병이 되고요. 그 아이들이 입은 상처가 결국 시간이 지나서 우리 사회에 다시 생채기를 낼 것이 분명합니다. 부메랑처럼 한 청소년의 아픔은 사회의 아픔으로 되돌아오는 것이지요. 그러면 온 세상이 귀신 들린, 정신 나간 세상이 되겠지요. 그러니까 우리 모두 왕따가 없는 세상을 만드는 일에, 그 귀신을 없애는 일에 힘을 내면 좋겠습니다.

사 례

▶ 베트남 출신 결혼 이주 여성 OO씨는 다섯 살 된 딸이 아직 한국어를 잘하지 못해 걱정이다. 이를 안타깝게 생각한 필리핀 출신 결혼 이주 여성 OOO씨는 경기도청에 편지를 써서 도움을 요청했다. 경기도청은 즉시 현지 다문화가족지원센터를 통해 언어발달지도사를 파견해 도움을 줄 수 있었다. 이를 확대해 경기도는 자녀 양육과 낯선 환경, 차별 우려 등으로 복지혜택에서 소외받는 결혼 이민자, 다문화 가족을 돕고 지원할 수 있는 다문화 출신 서포터즈를 운영하게 되었다. 그들의 형편을 가장 잘 이해할 수 있다는 판단에서이다.

서포터즈는 도내 읍·면·동별로 1명씩 545명 규모로 각 시군 다문화지원센터를 통해 신청받는다. 자격은 2008년 1월1일 이전 입국한 결혼이민자로 중급 정도의 국어 실력에 경기도 거주자면 된다. 서포터즈는 앞으로 2년간 다문화가정의 불편사항 파악, 수혜에서 소외된 결혼이민자를 발굴해 센터 등에 연계, 다문화 사업 개선사항 건의 등의 활동을 하게 된다. 이들은 자원봉사자이지만 활동 내역에 따라 1만~5만원의 수당이 지급된다.

(출처: 한국일보 2012/10/24)

▶▶ 이주여성들의 자원봉사활동이다. 러브인 아시아 출연자들이 중심이 된 물방울회나 법무부의 이수여성네트워크에서 자원활동 단체가 있는가 하면 개인 자원활동도 꽤 활발하다. 중국출신 안순화 씨는 한국이주여성인권센터에서 무료로 한국어를 비롯한 인권교육 등을 받았고 복지시설의 도움을 많이 받았기에 한국사회에 보답하고 싶어 자원봉사활동을 한다고 피력하고 있다. 그는 후배 이주여성들을 지원하면서 '생각나무 BB센터'라는 동아리를 만들어 국제결혼가정 자녀의 이중문화 교육을 위해 열정을 쏟고 있다. 안순화 씨처럼 자신의 경험을 거울삼아 어려움에 처한 후배 이주여성의 한국생활을 돕는 봉사활동을 하는 이주여성들도 적지 않다. 도움을 받던 사람들이 돕는 사람들로 변해가고 있다.

(출처: 여성신문 2010/1/7)

▶▶▶ 다문화 학생들만 다니는 광주의 초중고 통합형 대안학교인 새날학교 송미혜 교사는 "외국에서 갓 들어온 학생은 새날학교에서 먼저 우리말을 배운 뒤 일반 학교로 전학 가고 싶어 한다."며 "하지만 어린 시절을 외국에서 보낸 중학생과 고등학생은 내국인 학생들과 차이가 커서 학교생활에 잘 적응하지 못하고 다시 새날학교로 되돌아오는 경우도 많다."라고 말했다.

2012년 도내 다문화가정 자녀가 꾸준히 증가하고 있다. 도내 다문화가정의 초등학생은 9,787명(64.1%), 중학생 3,283명(21.5%),

고등학생 2,192(14.4%)이 차지하고 있다. 하지만, 입학 및 진학 연령에도 불구하고 생활형편과 학교 부적응 등의 이유로 6,683명(43.8%)이 입학 포기 및 학업을 중단한 상태이다.

이에 경기도의회 예산정책담당관실에서는 다문화가정 학부모와 학생, 정책 실무담당자의 인식을 조사한 결과 다문화가정 학부모와 학생들은 1) 개인적 특성에 따른 교육지원 부족, 2) 교육정책에 대한 정보제공 미흡 등을 지적하였고, 정책 실무담당자들은 1) 교육정책 운영의 한계점, 2) 한정된 국고지원, 3) 담당교사의 제도적 지원 미흡 등을 지적하였다.

경기도의회 예산정책담당관실은 이러한 현장 목소리를 담은 "다문화가정 교육정책 개선방안"을 통해 효과적인 교육지원을 제안했다.

첫째, 다문화가정 자녀를 유형별…교육 밖 자녀로 구분하여 맞춤형 언어지원, 둘째, 경기도청과 경기도교육청, 담당교사 등 집행기관 특성을 반영한 다문화가정 자녀 교육지원, 셋째, 다문화가정 정책추진 조직 간 협력시스템 구축을 제안했다. 끝으로 제도적 개선과 함께 지역사회에서 다문화가정에 대해 내 가족(자녀)이라는 시각이 선행되어야 함을 강조했다. *(출처: 가평타임즈 2012/8/7)*

▶▶▶▶ 다문화가정 학부모인 이모(32)씨는 지난해 5월 초등학교 4학년인 아들 이스마엘 우딘(11)이 급우들에게 집단폭행을 당하고 캐나다 이민 계획을 앞당기기로 했다. 아이들이 좀 더 자랄 때까

지 한국에 살려 했지만, 아들은 끔찍한 경험을 잊지 못한 채 "죽고 싶다"는 말을 입에서 떼지 못했다. 그럭저럭 2학기를 마쳤지만, 아들은 지난달 30일 개학 후 다시 등교를 거부했고, 담임선생님이 집까지 찾아와 설득한 뒤에야 마지못해 학교에 갔다. 방글라데시 아버지와 한국인 어머니를 둔 이스마엘은 한국에서 태어나서 자랐기 때문에 한국말도 잘하고 한국 학생들과 다를 바가 없다. 하지만, '반에서 가장 재수 없는 아이'로 찍혀 왕따의 표적이 됐다. "다른 애들과 피부색이 달라 그런 것 같다."라며 이스마엘은 친구들에게 당한 상처를 잊지 못했다. *(출처: http://news.chosun.com)*

| 나 눔 |

함께 생각해 봅시다

1. 교회학교에서, 학교에서 벌어지는 왕따 문제를 다루면서 다문화 아이들을 위해 준비할 수 있는 것들에 대해 자유롭게 나눠 봅시다.

2. 학교에서 힘들어하는 다문화가정의 아이들을 비롯해 많은 아이가 좀 더 배려하고 건강한 관계를 맺게 하는 방법에는 어떤 것이 있을까요?

10장. 약간의 사고 - 예수님과 사마리아 여성

배경 이야기

〈요한복음 4장〉

인종, 성별, 언어, 종교를 뛰어넘어 참 예배를 보여준 사마리아 여성과 예수님의 대화

신약성서 전체를 통틀어 대화로서 가장 긴 이야기를 담은 복음서는 요한복음이다. 이 본문을 읽으면서 마치 한 편의 영화를 보는 것처럼 드라마틱하게 우물가를 둘러싼 남녀가 대화하는 걸 상상하는 것은 어렵지 않을 것이다. 한국 전통 사극에서 볼 수 있는 것처럼 연못가에서 선비 한 사람이 시를 읊고 이를 받아 기생 황진이가 다시 한 수 던지듯, 예수님과 이 여성의 대화기술은 거의 예술에 가까울 정도로 정교하게 그려져 있다.

유대인과 사마리아의 적대적 관계는 성서 전역에서 그 흔적을 찾을 수 있다. 그런데 오늘 본문과 관련된 예는 바로 열왕기하 17장에 잘 그려져 있다. 성서고고학자들의 연구에 의하면 사마리아인이 기원전 300년 즈음 경쟁선 상에서 예루살렘의 성전에 버금가는 예배당을 그리심 산 위에 세웠고, 결국 그 예배당은 유대인 군대에 의해 150년 후 무너졌다고 한다. 소수 한국 그리스도인이 불교 불상을 베어내고, 절에 불을 지르듯이, 9/11테러가 일어나고 미국의 많은 그리스도인, 유대교인이 뉴욕지역에 이슬람 문화 센터를 세울 수 없다고 반대 하듯이, 성전, 즉 종교 간 분쟁은 2000년 전 예수의 시대나 지금이나 계속되고 있다.

요한복음에서만 그린 사마리아 여성의 대화이야기에서 짚어낼 독특한 점이 있는데, 이는 바로, 이 대화를 시작한 이가 예수님이라는 사실이다. 복음서를 통틀어 예수님이 많은 이와 대화를 했지만, 대부분, 그 대화에 먼저 말을 건 상대방은 예수님이 아니다. 그런데 이 본문에서는 예수님께서 먼저 말을 건네셨다는 것이다. 그것도 말을 걸어서는 안 되는 사마리아 여성에게 먼저 건넸다는 점은 바로 인종, 성별, 종교라는 테두리로 갈라진 관계를 회복하려면, 그

상한 관계를 치유하는 구원 사역을 달성하려면 예수님 스스로 먼저 그 테두리, 그 장벽을 넘어서야 한다는 걸 반증하고 있다. 예수를 따르는 그리스도인으로서 본 이야기는 우리도 이러한 장벽을 넘어서는 과감함을 배우자고 제안할 것이다.

또 한 가지 본 대화를 충분히 이해하려면 이 둘의 직접적인 만남이 얼마나 중요한가 하는 점이다. 많은 성서학자는 관계의 회복, 하나님나라로 정리되는 이 새로운 세상은 바로 다른 이들이 직접 만나 대화하는 그 행위를 통해 경험되고 실현된다는 걸 주장하고 있다. 그러므로 이방인을 염두에 두고 쓴 요한복음에서 이 이야기를 담은 것은 그리 놀랄 일이 아니다. 유대인과 이방인, 갈라진 그 관계를 회복하는 일이 예수님의 사역이자, 예수를 따르는 그리스도인의 사역이기 때문이다.

마지막으로 이 대화를 이해하는 데 중요한 핵심은 이 여성의 지혜로움, 그야말로 풍기는 카리스마이다. 유대인 눈으로 보기에 노예보다 더 천한 이 사마리아 사람, 거기다 남자도 아닌 여성이 전한 그 말로 인해 사마리아 사람들이 예수를 믿게 되었다는 내용을 담은 39절 말씀을 보라. 얼마나 이 여성이 똑똑하고, 능력 있고, 무엇보다 예언자적 소명을 받은 자인지 충분히 짐작할 수 있을 것이다. 물이나 길으러 오는 무식하고 천한 여성이 아니라, 가장 귀한 성직자의 몫인 예배의식과 참 예배의 의미를 간파하고 있었던 이 여성의 새로운 모습을 본 이야기는 그려보고자 한다.

■ 참고문헌

방숙자, "사마리아의 첫 여성 선교사", 『새롭게 읽는 성서의 여성들』, 여성신학협의회 엮음, 서울: 대한기독교서회, 1994, 315-327쪽.

요하힘 예레미야스, 『예수시대의 예루살렘』, 한국신학연구소편집부 역. 서울: 한국신학연구소, 1991.

Adele Reinhartz, "The Gospel of John" (pp. 561-600) in *Searching the Scriptures. Volume Two: A Feminist Perspectives*, Elisabeth Schussler Fiorenza, ed. New York: Crossroad, 1994.

Gail R. O'Day, "John." in *The Women's Bible Commentary*, Carol Newsom and Sharon Ringe, eds. Louisville: Westminster/John Knox Press, 1992. pp.293-304.

독 백

약간의 사고를 친 예수님과 사마리아 여성

> 우리 조상들은 이 산에서 예배하였는데 당신들의 말은 예배할 곳이 예루살렘에 있다 하더이다. 예수께서 이르시되 여자여 내 말을 믿으라 이 산에서도 말고 예루살렘에서도 말고 너희가 아버지께 예배할 때가 이르리라… 영과 진리로 예배할 때가 오나니 곧 이때라… 여자가 이르되 메시아 곧 그리스도라 하는 이가 오실 줄을 내가 아노니… 요4:20-25

나는 사마리아라는 곳에서 삽니다. 사마리아는 유대 땅과 갈릴리 중간 쯤에 있어요. 이곳은 유대인이 사는 마을들과 아주 가깝지만, 우리는 서로 친하지 않아요. 왜냐고요? 그건 아주 오랫동안 우리가 종교가 다르고, 인종이 다르고, 그런 이유로 싸워왔거든요. 특히 야훼 하나님을 믿는 유대인은 우리가 예배하는 하나님이 진짜 하나님이 아니라고 배척을 했어요. 얼마나 싫어했는지, 사마리아 출신 여자와 유대 남자가 서로 만나서 인사하는 것조차 금지했답니다. 서로 좋아하고 결혼하는 건 상상도 할 수 없는 일이었고요.

하지만, 사람 사는 게 어디 그렇게 무 자르듯 판에 박은 듯 법대로 되나요? 수백 년, 아니, 천 년이 넘게 옆 동네 사는 이웃으로서 우리 사마리아인과 유대인은 만나기도 하고, 함께 일을 하기도 하고, 심지어 사랑도 하고, 결혼도 했지요. 물론 그런 친구들의 삶에 고통과 어려움이 없었던 것은 아니었지요. 나도 그런 사람 중 하나랍니다. 워낙 내 삶이 구차해서 자세한 이야기는 하고 싶지 않아요. 그렇다고 내가 노예보다 더 무식하고 능력 없는 사람으로 취급받는 건 거부합니다. 그리고 사실 내가 속을 뒤집어서 꼬이고 꼬인 내 삶을 다 보여 드릴 수는 없지만, 세상이 보는 것처럼 그렇게 부정한 여자도 아니거든요. 어쨌건, 나는 남편을 잃기도 하고, 그래서 다른 남자를 만나 버림받기도 하고, 아무튼 정숙한 여성의 기존 이미지와는 정반대의 삶을 살아야 했답니다. 조강지부를 두지 못한 운명으로 내 삶은 어려울 뿐이었죠. 경제적으로 매일 끼니를 걱정하면서 나는 어느 날 물을 길으러 멀리 수가라는 동네까지 가야했지요. 거기서 유대인 남자를 만났어요. 근데 서로 상종치 않는 이웃인 걸 모르는지, 이 남자가 나에게 물을 달라고 하는 거예요. 나는 놀라서 당황하고 그랬지요. 문제는 그 남자가 무척 피곤해 보였어요. 오랜 여행을 한 거 같았어요. 그리고 꼭 물을 마시고 싶어 하는 거 같았어요. 에이 모르겠다. 나는 그 남자를 못 본 척하지 않기로 했지요. 왜냐하면, 나보다 더 상황이 어려워 보였거든요. 지친 이를 무시하고 내 물만 채우고 등을 돌릴 수만은 없는 거 아니겠어요? 다른 것도 아니고 조물주께서 조건 없이 선물로 주신 물을 가지고 치사하게 말이에요. 우리 조상 야곱 시절부터 우리 인간들과 가축들의 갈증을 해결해준 생수를 나 혼자 함부로 독점하면 안 되는 거지 하는 생각이 들더라고요. 신기한 건 내가 이런 생각을 하는 걸 마치 이 유대인 남자는 아는 듯, 생뚱맞게 물 이야기를 먼저 꺼내는 거예요. 오히려 적반하장으로 "네가 주는 물을 마시면 영원히 목마르지 않게 될 것이다. 이 물을 받아 마시면 그 속에서 너의 삶은 영원히 솟아오르는 샘물처럼 될 것이다."요4:14 나는 그때 이 친구가 눈에 보이는 물 이야기를 하는 게 아니라는 걸 직감적으로 알았지요. 그리고 이 유대인에게서 무언가 신통한 기운을 느꼈습니다. 그러면서 갑자기 제 삶의 무게가 확 느껴지면서 영적으로 갈급함이 몰려왔어요. "맞아요. 저도 그런 생수를 마시고 싶어요. 이렇게 지치고 끝이 없는 고단한 삶에서 벗어나서 자유하고 충만한 삶을 살고 싶어요." 저도 생뚱맞게 이렇게 토해내 버렸지요. 이런 내 대답을 이분은 무시하지 않고 들어주시며 한 수 더 나아가 예배의 참 본질에 대해 가르쳐주셨어요. 그 예배는 인간 사이를 가르는 인종, 문화, 성별, 계층, 이런 차별과 배척의 장벽을 넘어서는 예배라는 걸, 아니 참 예배는 그런 장벽을 넘도록 더 큰 영, 하나님의 지혜와 기운이 주도하고 인도하는 예배라는 걸 알려주셨지요. 기존의 틀에서 보면 정숙하지 못한 여자로 손가락질 받는 나의 겉모습을 보지 않고, 진지하게 대화를 나누는 그분의 그 모습 그 자체가 그야말로 언행일치잖아요. 그러니 왜 이 양반이 이런 말씀을 하는지 이해하고도 남겠더라고요. 이분이 몸으로 보여주시는 그 대화가 진리인 걸 알겠더라고요. 맞아, 우리가 서로 다르다는 이유로 싸우고, 미워하고, 심지어 증오하는 거, 그건 신앙을 가진 하나님을 믿는 자로 할 일이 아니지… 싸우고, 미워해 봐야, 결국 내 삶만 더 궁핍해지는 걸 난 알고도 남지…. 사실 꼼꼼히 따져보면, 우리 사마리아 사람과 유대 사람이 그렇게 다르지도 않거든요. 야곱을 조상으로 두었으니까요. 그런데 사람들이 멋대로 갈라놓은 다름, 서로에 대한 배타적 시선이 오랫동안 계속되면서 전쟁과 적대적 관계로 이어져 온 거니까요. 이런저런 생각 끝에 그 야곱의 우물가에서 나는 이분을 구세주 메시아로 고백했지요. 더 놀라운 사실은 그 고백을 이분은 맞다고 하시는 거예요. "그 메시아 그리스도가 바로 나라고!" 나는 너무 감격스럽고, 은혜가 넘쳐 가만히 있을 수가 없었어요. 물동이를 젖혀두고, 동네방네 드디어 메시아를 만났다고 외치고 다녔지요. 이분이 메시아, 즉, 우리를 구원하시는 분이라는 걸….

더 놀라고 감사한 일은 내가 선포한 이런 말을 우리 동네 사람들이 믿어주는 거예요. 내가 증언한 말에 하나님의 지혜의 영이 들어갔을까요? 잘 모르겠어요. 사실 나는 그분을 두 눈으로 뵀고, 꽤 오랜 시간 함께 이야기를 나눈 영광의 주인공 아닙니까? 전율이 솟을 정도로 평생 잊을 수 없는 엄청난 경험을 했잖아요. 그러니까 그분이 메시아라고 확신을 할 수 있지만, 보지도 이야기를 나눠 보지도 않은 우리 이웃이 내 말만 믿고, 그분을 따르겠다고 선언을 한 건 거의 기적에 가깝다고 할 수 있죠. 그동안 나는 짐승만도 못한 여자로 취급당해 왔기 때문에, 동네 사람들이 내 말을 그렇게 쉽게 믿으리라고는 상상도 못 했어요. 그 사실이 나를 더 감동 감사 경외하게 합니다. 하나님의 영광이 세상에서 손가락질당하는 이방인 여성인 내 입을 통해 드러났다는 사실이 나를 은혜로 떨게 합니다.

너무 심하게 겸손을 떨고 있는지도 몰라서, 내 자랑 한마디 하겠습니다. 딱 잘라 말씀드리면, 내가 기존 틀에서 벗어나 약간은 사고를 칠 줄 아는 달란트를 가졌다는 거죠. 평생을 워낙 그놈의 선입견에 시달려서 그런지 저는 웬만한 기존 틀은 안 믿고 벗어나는 데 선수가 되었거든요. 사실 그래서 예수님을 만난 거지요. 기존의 사고방식이나 전통에서 보면 우리는 남녀칠세부동석처럼 서로 얼굴을 봐서도, 말을 걸어서도, 대답을 해서도 안 되는 거였잖아요. 근데 우리 둘 다 약간의 사고를 친 거죠. 나도 나지만, 예수라는 이분도 대단하신 분이에요. 나 이상으로 사고를 친 거 보이시죠? 예수님은 기존 틀을 벗어나 속세의 안경을 벗고 사람을 분별할 수 있는 분이세요. 제 이야기를 듣는 모든 분이 이런 사고를 칠 수 있는 과감함을 가졌으면 좋겠습니다.

왜냐하면, 그 기존의 틀이라는 게 실제로 한 인간의 모습을, 그 삶을 정직하고 바르게 보여주는 경우는 거의 없거든요. 내 경우를 보세요. 남편이 5명이다, 그 사실을 기존의 틀로만 보면 나는 성적으로 문란하고, 남자를 잡아먹는 괴물 같은 여자로 그리는 것이 당연할 수도 있겠지요. 그렇지만, 실제 그렇게 될 수밖에 없었던 제도적 문제를 지적하는 때는 거의 없고, 선입견, 편견을 넘어서서 존재하는 내 참모습을 본 사람들이 많지 않았거든요. 근데, 예수님이 그걸 하셨으니, 내가 이렇게 신이 나서 예수님을 믿도록 선교하는 일에 힘을 다할 수밖에 없는 건 당연하지요.

구원받은 자의 삶은 신령과 진정으로 예배드리는 자의 삶이라는 걸 그 이후 나는 열심히 선포하고 다닙니다. 예배하는 자의 행함은 우리가 만난 이웃의 겉으로 드러난 모습, 세상이 바라보는 편견과 선입견을 벗고, 사랑과 섬김, 나눔을 실천하는 길이라고 증언하는 일이 얼마나 은혜로운 일인지요. 참 예배는 기존 틀을 넘어 역사하시는 하나님의 영을 분별하고, 우리가 만나는 이웃이 가진 달란트와 아름다움을 발견하고, 그 영의 인도하심을 따르는 일입니다. 이런 예배를 행하는 삶이 결국 자유하고, 충만하고, 온전한 삶, 하나님이 기뻐하시는 삶이라는 걸 알리고 싶습니다. 제가 어릴 때부터 믿었던 하나님과 우물가에서 만난 이 유대인 구원자를 통해 알게 된 하나님이 한편으로는 다르지만, 다른 한편으론 그렇게 다르지 않다는 걸 느껴요. 무슨 얘기냐 하면, 다름을 보는 두 가지 관점이 있다는 뜻입니다. 차별과 편견으로 이어지는 다름이 있고, 존중과 배려로 이어지는 다름이 있다는 거죠.

요즘 나는 삶이 신나고 감사할 뿐이에요. 영원히 목마르지 않은 생수, 그 생명의 양식은, 우리를 이 땅에 태어나게 하고 살게 하신 그분의 뜻을 행하며 그의 일을 온전히 이루는 거라는 걸 알게 되었습니다. 내가 상종치 말라는 유대인 남자를 만나 구체적인 관계를 맺으면서 여러 장벽이 무너지고 새로운 배움을 얻은 거처럼, 하나님의 뜻을 행하는 온전한 일은 서로 다른 우리가 구체적으로 만나면서, 세상의 편견에 속지 말고, 과감하게 개방적인 마음으로 도전하라고 하시는 거 같아요. 약간의 사고를 치세요. ^^

사 례

▶ 외국인이주여성노동자의 한국생활에서 어려움 중에 비자/체류 문제가 가장 큰 문제로 밝혀졌듯이 국제결혼이주여성에게도 체류문제는 자신의 거취를 결정하는 중요한 요인이 되고 있다. 1997년 국적법 개정에서 간이귀화요건은 귀화신청자격을 혼인신고 후 2년 이상 한국에 거주한 사람으로 그 요건을 강화하였다. 법 개정 당시 중국동포 여성과 결혼한 일부 한국남성이 사기, 위장 결혼으로 피해를 보자 이를 방지할 목적으로 귀화자격을 혼인 후 2년간 한국에 거주한 사람으로 제한했는데, 위장, 사기결혼을 방지하는 데는 일정부분 이바지했을지는 모르나, 이 조건 때문에 고통당하는 많은 이주여성이 있다는 것을 염두에 두어야 할 것이다.

한국인 남성과 결혼해 자녀를 낳고 가정을 꾸리는 이주여성은 한국사회의 구성원으로 통합될 수밖에 없다. 그런데 이들 국제결혼이주여성에 대해 현행 국적법은 이주여성의 귀화자격요건을 2년이라는 유예기간을 둠으로써 그 사이에 발생할 가정문제에 이주여성이 능동적으로 대처할 수 없게 하고 있다.

이주여성이 국적을 취득하기 전에 이혼하면 결혼사유가 해소되어 불법체류자가 된다. 심지어 남편의 구타로 생명의 위협을 느껴

집을 나온 이주여성도 남편이 가출신고를 하면 곧바로 불법체류자가 된다. 따라서 한국인 남성과 결혼한 외국인이주여성의 인권이 침해당하지 않도록 귀화요건을 완화해 혼인신고 후 국적을 취득하도록 하거나, 원치 않는 이혼을 당하지 않도록 이혼신청을 접수하기 전에 가정법원을 통해 상담이 이뤄지도록 하거나, 체류자격을 융통성 있게 운용, 안정적으로 체류할 수 있는 여건을 조성하여야 한다. 따라서 그 배우자의 사망이나 실종 그 밖의 자신의 귀책사유 없이 정상적인 혼인생활을 할 수 없어 이혼하거나 어린 자녀를 키워야 할 때에는 법무부장관이 인정하는 경우 귀화신청을 할 수 있도록 제도적인 뒷받침이 이뤄져야 한다.

(출처: 한국이주여성인권센터)

▶▶ 방글라데시에서 온 마붑알엄씨는 어머니의 병원비를 마련하려고 한국에 왔지만, 한국에 온 지 일주일 만에 어머니가 돌아가셨다. 그 고통을 이기기 위해 기도도 하고 술을 마셨지만, 그 중에서도 가장 자신에게 힘이 되어 준 것은 사회 활동이었다. 그는 이주민의 인권과 노동환경 개선을 위에 활동하고, 영화에 출연하고 연출하며 한국 사회 여러 곳에서 일하고 있다. 지금은 아름다운 재단에서 후원을 받아 홍대에 이주민 아트센터를 계획하고 있다. 아트센터에서는 문화예술 활동을 계획하고, 이주민과 이주민 사이에 네트워킹이나 한국사회와 네트워킹 할 수 있는 소통의 장을 마련하는 좋은 기회를 제공한다. 노동자와 일반 이주민이 한국 문화를 접할

수 있는 공간이 적기 때문에 그 공간을 만들어주는 것은 물론, 한국인과의 소통을 가능하게 할 수 있도록 도우려고 아트센터를 계획 중이다.

(출처: 경향신문 2012/1/25)

* 이여인터 (한국이주여성인권센터) www.wmigrant.org
* 이주여성 긴급지원센터 www.wm1366.org 1577-1366 부산, 대전, 광주, 수원/ 한국여성인권진흥원에서 위탁운영, 8개 국어 – 영어, 러시아어, 중국어, 베트남어, 몽골어, 태국어, 캄보디아어, 따갈로그어 상담
* 언어문화봉사단 bbb(before babel brigade) www.bbbkorea.org 17개 외국어에 능통한 3,000여 명의 자원봉사자들 24시간 언어 통역서비스를 제공
* 다문화 IT박물관 다누리 http://liveinkorea.mogef.go.kr/changelocale.do
* 다문화가족지원센터 http://liveinkorea.mogef.go.kr

나눔

함께 생각해 봅시다

1. 사마리아여성과 같이 예수님을 만난 후 당당하게 동네 사람들에게 자신의 주장을 펼칠 수 있는 사람으로 자라는 데 필요한 것이 있다면 무엇일까요?

2. 이주민에 대한 편견과 선입견을 찾아보고 이를 깨기 위한 노력에는 어떤 것이 있을지 자유롭게 나눠봅시다.

11장. 참 공동체를 세우려는 노력-브리스길라

배경 이야기

〈사도행전18장/로마서16장/고린도전서8,16장/디모데후서4장〉

바울과 그 동역자 브리스길라와 아굴라

예수 그리스도의 죽음과 부활 이후 교회의 상황은 좋지 않았다. 여전히 로마의 지배 아래 있으면서 로마인뿐 아니라 유대교인에게도 그리스도인에 대한 박해는 계속 되었다. 바울 역시 길리기아 다소 출신으로, 랍비 가말리엘의 제자로, 정통한 유대인이자 로마 시민권을 가진 엘리트로 부족할 것이 없었다. 당시 유대교의 한 이단처럼 보이는 그리스도인을 잡아다가 핍박하고 죽이는 일에 앞장서기도 한 유대인 중의 유대인이었다. 그러던 그가 다메섹으로 가는 길에서 예수의 목소리를 듣게 되고, 인생이 180도 변하는 경험을 하게 된다. 사실 개종을 한다는 것, 자신이 믿던 종교에서 다른 종교로 옮긴다는 것이 그리 쉬운 결정은 아니었음에도 바울은 과감한 결단을 통해 새 시대를 여는 선교사로서의 역할을 감당한다.

사실 모든 사역이 그렇듯이 한 사람의 노력만으로 되는 것은 없다. 바울 역시 로마서 마지막장인 16장에서 그를 도운 이들에게 일일이 감사의 인사를 전하지만, 이에 대해 주목하고 그들의 행적을 찾아 기록한 자료들이 그리 많지 않다.

여기서는 부부로 소개되는 브리스길라와 아굴라, 그중에 브리스길라의 목소리를 통해 초대교회의 상황과 바울의 사역을 조명해 보려고 한다. 바울과 같은 직업, 천막 짓는 일을 함으로써 바울과 더 가깝게 동역 할 수 있었으며, 부부 사역의 기틀을 마련한 예라고 할 수 있다. 많은 구절에서 아내인 브리스길라가 남편 아굴라보다 먼저 언급되는 것행18:18,26; 롬16:3; 딤후4:19을 통해 더 유명한 가문 출신이거나 교회 사역에 더 적극적이었을 것이라는 추측을 할 수 있다. 어찌 되었든 바울이 브리스길라를 앞세워 동역자로 칭찬하는 것은 교회를 향해 "여자의 머리는 남자, 여자가 남자를 위해 지음을 받았느니라"고전11:3,9, 여성을 향해 "교회에서 잠잠하라"고전14:34는 성차별적인 본문과는 대조적인 태도이다. 바울이 여성사역의 중요성을 꺼려했다면 브리스길라를 비롯해 뵈뵈, 마리아, 유니아, 드루배나, 드루보사, 버시, 루포의 어머니, 율리아, 네레오의 자매, 유오디아와 순두게 등의 많은 여성의 공로를 인정하고 지지할 수 있었을까? 결국, 성서를 문자적으로 접근할 때 오류에 빠질 수밖에 없음을 분명히 기억해야 할 것이다.

바울을 비롯한 사도들이 소아시아를 비롯해 유럽, 이탈리아 로마에까지 많은 도시국가를 다니며 선교했던 원동력은 여성의 힘과 지혜를 빼놓고는 생각할 수 없다. 이주민으로서 모든 것이 낯선 환경에서 그들의 먹을거리부터 시작해 안전한 잠자리와 말씀을 선포하고 복음 전하는 그 자리까지 함께했던 많은 이를 함께 생각해 볼 수 있다. 오늘날 많은 교회에 많은 그리스도인이 있다고는 하지만, 초대교회의 사람들처럼 자신의 집을 기꺼이 개방해 예배드리고 음식을 같이 먹으며 신앙을 지켜나가는 사람들은 점점 줄어드는 것이 사실이다. 냉랭한 교회, 이기적인 그리스도인, 이주민에 대해 마음의 자리조차 내주기 싫어하는 모습에서 하나님나라는 더 멀어지는 것은 아닌가 하는 생각을 한다.

자, 이제 팍팍한 이주민의 입장에 선 브리스길라의 눈으로 초대교회를 접하며 오늘의 이주민을 향한 자세를 배워보도록 하자.

■ **참고문헌**

한미라, 『여자가 성서를 읽을 때』 서울: 대한기독교서회, 2002.

R. F. 호크, 『바울선교의 사회적 상황』 전경연 역, 서울: 대한기독교출판사, 1996.

> 독백

참 평등공동체 세움을 위해 노력한 브리스길라

그 후에 바울이 아덴을 떠나 고린도에 이르러 아굴라라 하는 본도에서 난 유대인 한 사람을 만나니 글라우디오가 모든 유대인을 명하여 로마에서 떠날 한 고로 그가 그 아내 브리스길라와 함께 이달리야로부터 새로 온지라 바울이 그들에게 가매 생업이 같으므로 함께 살며 일을 하니 그 생업은 천막을 만드는 것이더라. 안식일마다 바울이 회당에서 강론하고 유대인과 헬라인을 권면하니라. 행18:1-4

너희는 그리스도 예수 안에서 나의 동역자들인 브리스가와 아굴라에게 문안하라. 그들은 내 목숨을 위하여 자기들의 목까지도 내놓았나니 나뿐 아니라 이방인의 모든 교회도 그들에게 감사하느니라. 롬 16:3-4

내 이름은 브리스길라이고 줄여서 브리스가라고도 불린답니다. 남편인 아굴라와 나는 현재 고린도에 살면서 천막 짓는 일을 업으로 삼고 있어요. 원래부터 고린도에 살게 된 것은 아니에요. 우리는 유대인이었지만, 디아스포라로 우리의 고향땅에서 살지 못하고 외국에 나와 살았어요. 당시에는 많은 유대인이 다양한 형태로 로마의 땅 이곳저곳에 흩어져 살았답니다. 왜냐하면, 오랫동안 우리는 나라가 없었어요. 강대국들에 의해 이리 먹히고 저리 먹히면서 우리의 정체성 또한 사라질 위기가 여러 번 있었죠. 그래서 선택한 것이 이주였어요. 강제적 추방도 있었지만, 정치적으로 경제적으로 더는 고향 땅에 살기 어려운 상황이 되어 자진해서 근처 나라로 이주해 살았답니다. 물론, 거기에서 우리는 나름 유대 전통을 지키고 우리네 방식을 고집하면서요. 남의 나라에서 살기가 그리 쉽지는 않았죠. 그렇지만, 일단 언어를 헬라어로 같이 쓰니 편리했어요. 우리의 고유 언어인 히브리어가 있기는 했지만, 대제국 로마의 지배 아래에 있어 이중 언어를 쓸 수밖에 없었죠. 헬라어가 모국어인 문화에서 큰 우리 아이들은 저절로 두 개의 언어를 하면서 자랐고요. 로마제국의 지배가 부정적이기만 한 것은 아니었습니다. 약한 나라들을 정복하려고 건설했던 육로와 수로는 교통을 더 편리하게 해준 셈이 되어 우리가 이주하고 이동하는데 도움이 되었죠. 길이 없었다면 그렇게 효과적으로 다닐 수 없었을 거예요. 우리는 비록 로마에 살았지만, 우리의 전통을 지키며 글라우디오의 이주정책에 의해 이달리야(이탈리아)에서 고린도로 이주하게 되었지요. 당장 먹고 살아야 하는데, 그래도 할 수 있는 일이 있어서 감사했어요. 무더운 날씨 탓에 천막을 요청하는 일이 많았고, 우리는 실력을 발휘해 열심히 하며 인정을 받아 갔어요. 점차 경제적인 부분도 어렵지 않게 채워졌고요. 우리처럼 디아스포라로 살아가는 사람들이 많았어요. 그래서 서로 힘든 일이 있을 때마다 의지할 수 있어 비록 빼앗긴 작은 나의 조국이지만, 내 나라, 내 민족이 있음에 감사하였죠.

하루는 바울 선생님이 우리를 찾아왔어요. 소문에 그는 원래 열혈 유대교인으로, 예수님을 믿는 것을 유대교의 한 이단으로 생각해 믿는 사람들을 잡아들이고 핍박하는 일에 앞장서서 다녔다고 해요. 그런네 그런 사람노 하나님이 만나 수시면 변할 수 있나 봐요. 환상 중에 예수님을 만나 그의 인생이 180도 변화되었다는 것 있죠? 어떻게 그런 일이 일어날 수 있을까요? 하나님께서는 그를 쓰실 그릇으로 미리 준비하신 것이 분명해요. 모세가 히브리 남자 아이로 태어났지만, 이집트의 왕자로, 광야에서 양치는 목자로 준비되어 이스라엘의 지도자로 세움을 받은 것 처럼요. 역시 바울 선생님은 우리를 보자마자 자신이 만난 예수님을 소개하는 것 아니겠어요? 후후, 우리 역시 예수님을 알고 믿는 그리스도인인데 말이에요. 더욱이 그가 천막 짓는 기술까지 가지고 있어 우리 셋은 함께 일을 할 수 있었답니다. 동물의 가죽을, 혹은 두꺼운 천을 손질하고, 자르고 꿰매고…. 무척 고된 일이었지만, 완성된 천막을 볼 때는 그 보람도 컸어요. 작업을 하며 예수님에 대해 모르는 사람들, 헬라인이나 유대인 누구에게나 복음을 전할 수 있어 참 기뻤고요. 그렇게 해서 많은 사람이 예수님을 믿고 세례를 받기까지 했답니다.

    어느 날 바울 선생님과 우리 부부는 에베소로 이주를 했어요. 우리의 인생이 나그네 인생이란 생각이 딱 들더라고요. 언제든 가라고 하면 가야 하는, 결국 우리의 가야 할 본향, 천국을 두고 온 나그네, 즉 이주민의 삶이지요. 이곳에서 나는 아볼로라는 분을 만났답니다. 그는 알렉산드리아 출신으로 능숙한 말솜씨로 설교를 잘하는 분이었어요. 주변에는 그의 설교를 들으러 온 사람들이 참 많더라고요. 그는 예수님이 하신 기적이나 가르침에 대해서 무척 많이 아는 것 같았어요. 그런데 가만히 들어보니 그는 요한이 베푼 세례에 대해서만 말할 뿐이었죠. 나는 생각했어요. 저렇게 아는 것도 많고 언변도 뛰어나 많은 사람이 그를 좇는데, 그가 하나님의 도에 대해 더 알면 좋겠다고요. 만약에 그가 예수 그리스도의 이름으로 세례를 받아야 하는 것과 성령에 힘입어 하나님의 능력에 대해 사람들에게 가르치게 된다면 얼마나 좋을까? 더 놀라운 일들이 분명히 일어날 거야 하는 기대까지 되면서 가만히 있을 수 있어야죠. 하지만, 그 많은 사람이 있는 곳에서 아볼로의 부족한 점을 지적해서는 안 되겠다는 생각이 들었어요. 남편 아굴라와 상의를 했죠. 그는 나의 말에 적극적으로 동의하며 아볼로를 조용히 불러내 주었어요. 그리고 우리의 생각을 알려 주었죠. 사실 아볼로 입장에서는 기분이 나빴을 수도 있었을 거예요. 잘했다고 해도 모자랄 판에 지적을 당하고 덧붙여 설명을 듣는 게 어디 콧대 높은 설교자라면 쉬운 일이었겠어요? 그래도 그는 겸손하게 받아들이더라고요. 그리고 많은 사람 앞에 무안을 주지 않고 따로 말해 준 것에 대해 더 고마워했어요. 우리의 작은 배려가 그는 더 크게 와 닿았나 봐요. 이후 계속 바울 선생님과 아볼로는 복음의 씨앗을 심고 물을 주는 역할을 한 셈이죠. 고전3:6 결국, 자라나게 하는 일은 하나님이 하셨지만 말이에요. 난 그것을 똑똑히 보았고 알 수 있었답니다.

무슨 이유에서인지 사람들은 아굴라보다 제 이름을 먼저 불러요. 우리의 가부장제 전통과 정서상 남편의 이름이 먼저이고 보통 우리 여자들은 남편 아무개의 아내로 불리는데 우리 집만은 예외였어요. 남편 역시 그렇게 불리는 것에 대해 상관하지 않고 오히려 자신보다 나를 앞세워 줬어요. 그리스도를 믿어서 우리 삶이 완전히 새로운 삶으로 변화된 걸까요? 하나님께서 하나님나라를 이 땅에 구현하는 참 평등공동체의 맛을 보게 하려고 세상의 방식과는 다르게 호칭의 변화를 가져 온 것일까요? 바울 선생님이 나와 남편에게 감사의 인사를 할 때 나를 먼저 언급해 사람들이 더 잘 알게 된 거 같아요. 롬16:3

참, 음식에 대해서도 할 말이 있어요. 제가 어릴 때부터 음식을 준비하고 만드는 것을 좋아했어요. 물론 먹는 것도 좋아해 지금 꽤 넉넉한 몸매를 유지하고 있지만요. 음식이 주는 즐거움은 그 어느 것보다 큰 거 같아요. 그것도 같이 먹는 사람들이 누구냐에 따라 더 즐겁고 만족스럽겠죠. 그런데 말이에요. 음식 때문에 문제가 생겼어요. 우리 지역에는 헬라 신전들이 많아 신들에게 드리는 음식 역시 많았어요. 주로 가축을 잡아 만든 것들이지요. 신에게 바친 음식이니 이것을 먹어도 되느냐, 먹어서는 안 되느냐에 대한 논쟁은 그리 분명하게 답이 나오지 않더라고요. 유대전통과 문화에 영향을 받은 우리 초기 그리스도인은 음식에 관한 정결 예식, 금하는 음식들을 철저하게 지켰기 때문에 외국인들이 섬기는 신에게 바쳐진 음식, 우리 전통에서 보면 금해야 할 음식을 먹는 일은 쉬운 일이 아니었지요. 그렇다고 먹지 않겠다고 하면 헬라인과의 관계가 끊어지는 일이 되어버리니 참 난감하더라고요. 바울 선생님은 먹는 음식이 우리를 하나님 앞에 더 의롭게 하지 못한다고 오히려 믿음이 약한 자들을 위해 조심하라고 알려 주셨죠.고전8:8-9 즉 우리에게 믿음이 약한 사람들을 먼저 생각하고 행동하라고 조언해 주신 거예요. 그래요. 어찌 보면 내 맘, 내 뜻대로 결정하고 행동할 때가 잦은데, 먹는 음식 때문에 전도에 방해된다면 조심해야겠죠. 더 많은 이를 예수님께 인도하고 소개하려면 음식 역시 좋은 도구가 되기 때문인 것 같아요. 그야말로 음식 때문에 서로 시험에 빠지면 안 되겠지요? 평화가 가득한 공동체, 더불어 사는 신앙 공동체를 만드는 그 일에 함께 나누는 음식, 그야말로 밥상 공동체가 정말 중요한 거잖아요.

외국에서 살다 보니 음식이 입에 안 맞을 때도 잦지만, 그렇다고 내 음식만 고집하며 손님을 대접할 수도, 나아가 친구를 사귈 수도 없잖아요. 그래서 나는 때때로 그들이 좋아하는 음식에 대해 알아보기도 하고 음식재료를 사서 만들어 보기도 한답니다. 함께 먹는 것도 필요한 것 같아요. 예수님도 식사를 같이하면서 더 많은 이들과 가까워지셨다면서요. 권력을 가진 자들, 돈 많은 사람들이 아니라 차별받고 소외되어 힘없는 사람들, 먼저 손 내밀 여유가 없는 사람들에게 찾아가 함께 하셨다는 거예요. 장애인, 가난한 자, 창녀들과 식사를 같이하신 예수님, 그래서 오해도 많이 받으셨지요. 하지만, 그 행동이 맞는 것 같아요. 비록 예수님처럼 직접 찾아가려면 많은 용기가 필요하겠지만, 그래도 예수님을 따라 살겠다고 다짐한 그리스도인이잖아요. 그 향기는 내게 익숙한 향기가 아닌 그리스도의 향기, 그러고 보니 음식을 할 때 나는 냄새, 향기, 향신료와도 연결되네요. 내가 어릴 때부터 먹던 음식이나 조미료 등이 익숙하긴 하지만, 노력할거예요. 내가 챙겨야 할 약한 사람들이 누구인가 살피고 그들과 식사를 같이하려고, 더 나아가 예수님이 가르쳐 주신 사랑을 소개하고 그 향기를 드러내도록 그들의 음식을 만들고 먹는 일을 주저하지 않을 거예요. 이러한 만남과 교제 속에 하나님나라는 더 앞당겨지겠죠.

사 례

▶ 베트남에서 온 이주노동자 V씨는 사업장 변경을 통해 빵 만드는 사업장에서 새롭게 일을 하게 되었다. 한국에서 1년 반을 살아온 V씨는 가방을 챙겨들고, 새로운 사업장의 기숙사를 안내받았다. 그 사업장의 기숙사는 작업장 건물 안에 있었고, 임시 건물로 만들어졌다. 더구나 세 명이 누우면 딱 맞을 공간을 세 명이 함께 쓰라고 한다. 누워서 잠만 자고 일어나서 일만 하라는 뜻인지. 침대 대용인 매트리스는 한쪽에 세워져 있고, 생활용품을 정리할 옷장, 수납장 등은 없다. 방이 너무 좁다고 사장에게 말하자, 사장은 '짐이 왜 이리 많냐'며 되레 화를 냈다. 한국에서 1년 반을 넘게 생활했는데 그 정도의 짐은 당연할 텐데 말이다. 그뿐만 아니라, 밀가루 등 제빵 재료들을 저장해 놓는 창고 한 켠에 마련된 기숙사인지라, 방문을 열면 바로 재료포대 등이 잔뜩 쌓여 있다. 일을 마치고 방에 들어오면, 주위의 소음과 먼지가 그대로 느껴지고 제대로 쉴 수가 없다. V씨는 이런 환경의 기숙사에서 계속 살아야 하냐며 걱정이 많다.   (출처: http://blog.naver.com/ccooky/60060645288)

▶▶ 한국사회의 주변부에서 맴돌던 결혼 이주여성들이 시간의

흐름에 따라 이제는 한국사회 각계각층에서 지도자로 부상하며 중심부로 자리를 잡아가고 있다. 경찰관과 행정공무원을 비롯한 도의원 등 정치인에 이르기까지 다양한 지도력을 배출하며 당당히 목소리를 내고 있다.

2010년 다문화사회를 말하는 한국사회에서 눈여겨볼 것은 이주여성의 지도력 진출이 눈에 띄게 가시화되었다는 것이다. 가장 큰 화두는 결혼 이주여성이 도의회 의원으로 진출한 것이다. 몽골출신의 결혼 이주여성 이라(33살)씨가 한나라당의 공천으로 귀화외국인으로는 처음으로 지난 6월 2일 실시된 지방의회에서 경기도 비례대표 도의원으로 당선되었다. 귀화외국인 1호 정치인이 탄생한 것이다. 이라 씨 말고도 지방선거에서 5명의 이주여성이 도의회 의원으로 공천되었으나 당선권 밖으로 공천되거나, 앞 번호로 공천되었으나 추천해준 당이 득점투표율이 저조해서 당선이 안 되었다. 그렇지만, 6명의 이주민이 정치권에 후보로 진출할 수 있었다는 것만으로도, 비록 실패했지만, 지난 2008년 필리핀 출신 이주여성인 쥬디스 알레그로 씨가 창조한국당의 국회의원 비례대표로 공천된 것과 더불어 이주여성의 정치진출에 큰 상징적인 의미를 부여한다. 이라 의원은 당선 후 소감발표에서 "결혼이주자들이 모두 내 행동과 말을 지켜본다는 생각에 어깨가 무겁다."라며 앞으로 다문화가족을 위해 주도적인 역할을 하겠다고 포부를 밝혔다. 그는 경기도 도의회 가족여성위원회에 소속되어 '다문화가족지원조례안' 개정에 앞장서고 있다.

이렇게 정계진출뿐만이 아니라 이주여성의 관계진출도 한걸음 진전하고 있다. 필리핀 출신 아나벨 경장은 귀화인 첫 경찰관으로 안산단원경찰서 외사계에서 근무하면서 방송 공익광고에도 출연해 유명세를 타고 있다. 아나벨 경장은 한국이주여성인권센터가 실시하는 이주여성 당사자 훈련 프로그램에서 자신이 경찰이 되었다는 것 자체가 이주여성에게 도움이 된다는 생각에 힘이 솟는다고 말했다.

중국출신 김영옥(34살)씨는 전남 해남군의 문화관광해설사로 활동하다 지난 2008년에 해양경찰의 중국어 특별채용으로 목포해경에 배치되어 우리 쪽 경제적 배타수역에서 불법조업하는 중국어선을 단속하는 업무를 하고 있다. 이주여성긴급지원센터에서 상담원으로 활동하던 몽골출신 아리용 씨는 경기도 공무원으로 특채되어 다문화사업을 담당하고 있다. 이 밖에도 지방자치단체에서 문화해설사, 관광안내자로 활동하는 이주여성들이 상당수 있다.

S화재가 보험업계 최초로 외국인전담설계사팀을 꾸렸다. 영어, 중국어, 일본어에 능통한 설계사 38명이 외국인을 전담하고 있다. 국내 1호 필리핀 출신 보험설계사 제시카 토랄바씨는 이들 중 한 사람이다. 그는 2003년 한국에 시집와 영어 강사로 일하다 지난해 2011년 10월 보험설계사가 되었다. 그가 유치한 고객은 60여 명. 주로 필리핀, 중국, 스리랑카 출신의 결혼 이주 여성이나 근로자다. 월수입은 영어를 가르칠 때보다 많지 않지만, 자부심은 대단히 크다. "보험 가입을 할 줄 몰라 의료보험이 없는 사람도 많고요. 자동

차 사고가 나도 처리를 할 줄 몰라 현금을 내는 사람도 있었어요." 소득이 높건 적건 자동차 보험, 건강보험 등에 대한 필요성은 대부분 느끼고 있다. 하지만, 한국어를 살하지 못해 보험에 제대로 가입하지 못하거나 제대로 알지 못하고 가입하게 되는 이들을 위해 필요한 역할을 하게 된 것이다.   *(출처: 중앙일보 2012/9/21)*

▶▶▶ 대전 중구 우리들공원 옆에 문을 연 아시아 요리 전문 다문화식당 '아이맛이아'(I'm Asia)는 필리핀·인도네시아·베트남 등에서 온 결혼이주여성 15명이 직접 음식을 만들고 손님을 맞는 곳으로 대전에서는 처음이다. 베트남 쌀국수와 팟타이(타이 볶음 쌀국수), 나시 고렝(인도네시아 볶음밥) 등 아시아 6개국 10가지 요리가 선보이며, 조미료를 전혀 쓰지 않고 값도 시중보다 절반 가까이 싸다. 식당 문을 열려고 이주여성들과 1년여에 걸쳐 준비했다는 김봉구 대전이주외국인종합복지관장은 "수익금 모두를 이주여성 일자리 만들기와 직업훈련, 장학사업 등에 쓰는 사회적 기업으로 키울 예정"이라고 말했다.

(출처: 한겨레 2012/4/19, 홈페이지 http://imasia.co.kr)

나눔

함께 생각해 봅시다

1. 평등한 부부 관계에서 가장 우선시해야 할 것은 무엇일까요?

2. 이주민이 자신의 나라 음식이나 문화를 소개할 기회를 교회에서 마련한다면 어떨까요?

12장. 이주 여성 사업가-루디아

배경 이야기

〈사도행전 16장〉

초대교회 여성 지도자가 된 유럽 출신 이방 여성 루디아

오늘 이야기는 사도 바울과 바울 동역자의 전도여행 과정에서 일어난다. 루디아는 유럽그리스 출신 이방 여성으로는 최초로 세례를 받고 그리스도인이 되었다. 자신이 가진 재산을 교회를 위해 나누고 당신의 집을 선교센터로 개방하고 여러모로 바울을 보조하고 지도력을 행사한 중요한 여성이다. 본 이야기는 사도행전 10장에 등장하는 이방 남자 고넬료와 베드로의 이야기와 평행을 이룬다. 이탈리아 출신 고넬료라는 부유한 군대장이 베드로를 자신의 집에 초대해서 세례를 받는 이야기는 당시 초대교회를 세우고, 그 교회들이 성장하는데, 얼마나 많은 부자와 가난한 자들이 이 사역에 동참했는지를 보여준다. 그 이방인의 수고와 노력, 그리고, 무엇보다 하나님을 믿는 신앙이 아니었다면, 21세기 기독교는 아마 존재하기 어려웠을 것이다.

누가복음 16장 19절, "한 부자가 있어 자색 옷과 고운 베옷을 입고 날마다 호화롭게 즐기더라" 는 구절이 있다. 이 본문은 루디아가 종사했던 자색 천 사업이 얼마나 부자들을 위한 사업이었는지 보여준다. 또한, 자신이 사는 집을 기꺼이 개방해서 바울 선교 중심지로 삼게 한 점을 보면, 루디아 스스로 여성으로서 독립적인 자리를 누리고 살았던 능력 있는 부자였음을 엿볼 수 있다.

그러나 동시에 루디아, 고넬료와 같은 재력 있는 외국인 귀족들이 있는 만큼, 그 이상으로 귀족들이 부를 축적하도록 그 삶을 지탱했던 노예와 종들이 존재했다는 점을 잊어서는 안 된다. 오늘 한국의 부와 경제력이 많은 이주노동자의 피와 땀에 의해 유지되듯이, 당시 초대교회가 번지고 성장하는데 발판이 되었던 유럽, 소아시아 지역에는 깊은 빈부격차와 계급차별이 존재했음을 아는 것이 본 이야기를 읽는데 중요하다. 그런 점에서 본 이야기는 이름 없는 여종의 이야기를 루디아 이야기의 연장선에서 보고자 한다. 한발 더 나아가 바울에 의해 치유를 받지만, 세례를 받지 못해서 그리스도인이 되지 못한 여종을 들어 올리는데 상상력을 펴 보려고 한다. 실제로 성서학자들은 이 점을 지적하면서 바울이 이 여종을 침묵하게 했다고 비판하기 때문이다. 왜 바울은 이 여종에게 세례를 주지 않았을까? 만약 종의 삶이 죽음의 삶이라면, 세례를 받고 얻은 새 생명의 삶이 그 누구보다 이 여종에게 필요한 게 아닐까? 실제로 초대 기독교 문서 중 가장 오래된 디다케를 보면, 갈라디아서 내용을 포함하여 마태복음 28장 19절 말씀을 근거로 해서 삼위일체 세례 응답문이 등장한다. 그 응답문은 초대교회 그리스도인의 세례준비 지침교육내용으로 읽히고, 들려지고, 암기되었다. 2000년이 지난 지금 사용하는 오늘 세례문답서와 그 내용 면에서 별반 다르지 않다. 그 점을 살리면서 본 이야기는 초대교회 세례고백문으로 사용했던 갈라디아서 3장 26-28절 말씀을 인용하면서, 바울에게 도전이 되는 질문들을 상상의 끈으로 엮어 보고자 한다.

■ 참고문헌

제임스 화이트, 『기독교예배학 개론』 정장복, 조기연 역, 서울: 예배와 설교 아카데미 출판사. 2000.

김재수 역, 『이방인들에게 주시는 12사도를 통한 주님의 가르침-디다케』 대전: 엘도론, 2009.

Gail R. O'Day, "Acts." in *The Women's Bible Commentary*. Carol A. Newsom and Sharon H. Ringe, eds. Westminster/John Knox press, 1992. pp. 305-312.

Lois Wilson, *Stories Seldom Told: Biblical Stories Retold for Children & Adults*. Northstone Publishing Inc., 1997.

독백

이주 여성 사업가 루디아

> 안식일에 우리가 기도할 곳이 있을까 하여 문밖 강가에 나가 거기 앉아서 모인 여자들에게 말하는데 두아디라 시에 있는 자색 옷감 장사로서 하나님을 섬기는 루디아라 하는 한 여자가 말을 듣고 있을 때 … 우리가 기도하는 곳에 가다가 점치는 귀신 들린 여종 하나를 만나니…. 행16:13-14,16

난 여성 사업가입니다. 마케도니아 지역 두아디라 출신이지요. 부자들이 좋아하는 자주색 천을 만들고, 염색하는 사업을 하고 있습니다. 우리 조상 대대로 하는 사업입니다. 옷감 자체가 워낙 귀한 천이고, 이 옷감을 고상한 자색으로 염색해서 가진 자들의 기호를 만족하게 하는 사업장이 별로 없어서 그동안 우리 사업이 대대로 번창해왔습니다. 하지만, 유럽인 내 고향에서 얼마 전부터 노동력 규제가 하도 심해지면서 사업이 어려워졌지요.

고민 끝에 노동규제도 별로 없고, 노동력이 싼 빌립보에서 하는 것이 낫겠다고 결정을 하고 이주를 했지요. 요즘 이게 추세이고, 유행입니다. 결국, 자본의 논리가 승리하는 거지요. 이윤을 창출할 수 있다면, 어디건 이동할 수 있는 보이지 않는 힘이랄까요? 이주가 수월했느냐고요? 그렇지 않았습니다. 사업 때문에, 수익을 높이고자 내 사업 좋자고 이주를 한 거지만, 내가 태어나고 자란 익숙한 고향을 떠나는 일은 언제나 어렵다는 걸 다시 한 번 실감했습니다. 말도 새로 배우고, 낯선 음식, 낯선 전통에도 익숙해야 하고, 날씨, 풍습 등에 적응하는 일이 보통 일이 아니더라고요.

빌립보에 공장을 짓고, 정신없이 사람을 찾고 쓰고 하면서 몇 해가 지나니 수익도 나고, 정착을 하긴 했습니다. 그런데 어느 날 갑자기 이런 생각이 드는 거예요. "나처럼 똑똑하고, 능력 있고 부자이고, 많은 종을 부릴 힘이 있는 자도 고향을 떠나 국경을 넘어 새로운 곳에서 삶을 꾸리는 게 힘들었는데, 돈도 없고, 능력도 없고, 배운 거 없는 이들이 어쩔 수 없이 고향을 떠나 국경을 넘는 일은 얼마나 더 힘들까?" 아마 성령께서 나를 방문하셨던 거 같아요. 이런 자비와 연민의 생각이 내 마음을 사로잡았으니까요.

그리고 공장식구들을 둘러보았지요. 어느 누구 하나 편안해 보이고 행복해 보이지 않더라고요. 실타래 풀듯 이야기보따리를 연다면, 잘은 몰라도 몇 날 밤을 지새워도 끝나지 않을 인생살이 이야기들이 있겠구나 하는 생각이 내 머리를 스치고 갔어요. 국경을 넘다가 잡힌 이야기부터, 가족을 고향에 두고 생이별해야 했던 이야기, 돈이 없어 불법으로 전문의사가 아닌 사람에게서 치료받고 결국 장애인이 된 이야기, 내가 아는 이야기만 해도 이렇게 많은데…. 끝이 없을 거 같더군요. 사실 이들이 흘린 땀과 고통으로 내 공장은 잘 돌아가는데, 과연 이들의 삶도 풍요해지고 있을까? 이런 죄책감도 들었고요.

그래서 공장직원들에게 공표했습니다. 하루 쉬고 강가로 놀러 가자고요. 아니, 정규적으로 매달 하루 공장 문 닫고, 같이 쉬자고, 그렇게 해 주겠다고 선언을 했습니다. 참, 내 공장식구들은 거의 여자들인 거 말했던가요? 원래 천을 다루고, 다듬고 하는 가재 봉제 수공업은 예로부터 지금까지 계속 여자들의 몫이었습니다. 그러니 여자인 내가 사장인 것도 그리 놀랄 일은 아니지요.

다들 어안이 벙벙해 하면서 놀라긴 했지만, 그들 얼굴에서 드러나는 좋아하는 모습을 숨기긴 어려웠지요. 나는 다 나눠 먹을 도시락을 싸고, 과일이랑, 포도주랑 준비해서 불러 모았지요. 강가에 둘러앉아 흐르는 강물을 보면서, 우리의 인생 수다 보따리를 풀게 했어요. 그 분위기가 잡히니까 기도와 찬양, 예배가 절로 드려지더라고요.

그런 와중에 멀리서 딱 봐도 엄연하게 다른 지역에서 온 사람들이라는 걸 느끼게 하는 몇몇 남자들이 우리에게 다가왔어요. 걷는 걸음걸이며, 축 처진 어깨를 보니 오랜 여행을 했구나 하는 게 굳이 그들 얘기를 들어보지 않아도 다 보였지요. 이들도 여정에 지치면서 몸이 쉴 곳, 영이 쉴 수 있는 기도할 곳을 찾고 있었던 거예요. 그래서 우리가 기꺼이 그들을 맞았지요. 먹을 것도 나누고, 결국 그렇게 빌립보교회가 시작된 거지요. 그때 만난 남자들 중에 바울과 실라가 있었고, 이들의 신앙 권고로 나와 우리 식구들은 다 세례를 받았지요.

내가 통이 좀 크거든요. 세례 받은 감사의 응답으로 나는 내 집을 완전히 열어버렸어요. 강가에서도 예배를 드리는데, 우리 집에서 예배드리는 게 뭐 그리 어렵겠나 하는 생각이 들었지요. 그렇게 해서 우리 집, 우리 사업장이 빌립보교회의 모태가 되었고, 바울 선생님의 선교 거점이 된 거지요.

이야기를 마치기 전에 꼭 한 가지 더 나누고 싶은 게 있어요. 이제 그리스도인이 된 자로서 하나님의 뜻을 제대로 따르면서 살기엔 아직도 부족한 게 너무 많은 것도 사실이에요. 하지만 가진 자, 능력 있는 자로서 우리 이웃과 사회에 더 많은 의무와 책임을 가져야 한다는 생각이 듭니다. 더 많이 가졌기에, 더 많은 임무를 하나님께서 나 같은 이들에게 주신 게 아닐까 하는 생각이요. 왜냐하면, 가진 자가 마음을 잘못 먹으면 정말 나쁜 짓을 할 수 있고, 그 영향은 소외되고 힘들게 사는 이들에게는 치명적이라는 것을 아니까요. 바로 아이 여종이야기가 대표적인 예입니다. 모두 아시나요? 우리 동네에 사는 귀신 들린 여종이 그 노예주에게 당한 이야기요. 이 여종이 신이 들려서 사람들의 미래를 보는, 이른바 점치는 능력을 갖췄는데, 이걸 노예주가 돈 버는 수단으로 이용하다가 바울에게 들킨 거죠. 결국, 바울이랑 실라가 이 사건으로 감옥에 갇힌 거 아닙니까? 나는 여기서 귀신 들린 이야기를 미신문제, 기독교의 적대적 문제로 연결하고 싶지 않아요. 왜냐하면, 문제의 핵심은 종교적인 문제가 아니라 가진 자, 노예주의 노동, 인권 유린, 그리고 현실의

왜곡이기 때문이에요.

한번 점치는 능력을 지닌 아이 노예의 처지에서 보면, 이 친구는 여자로서 세상에서 소외되고, 노예로서 부당한 대우를 받고, 정신병으로 차별을 받고, 어리기 때문에 무시당하고, 경제적 도구로 착취를 당하는 그야말로 이중, 삼중도 아닌 오중의 고통을 겪고 있었다는 겁니다. 요즘 학교에 갈 아이들이 노예로 팔려, 공장에 끌려가 잘 먹지도 자지도 못하고, 고된 노동과 일에 시달리는 일이 있다는 것 아시죠? 심지어 전쟁노예 아니 전쟁 노동자로 끌려가 목숨까지 잃는 이야기도 부인할 수 없는 현실입니다. 이런 비인간적이고 비윤리적인 일로 고통 받는 아이들처럼 이 아이도 힘이 없고, 자신의 권리를 주장하고 대변할 수 없는 처지에 있었습니다. 누가 나쁜 사람입니까? 귀신들려 손가락질 받는 아이 노예 여성입니까? 아님 그 어린 여성을 이용해 부를 누리려고 하고, 그게 안 되니까, 억울하게 무고한 이를 감옥에 넣는 노예주가 나쁜 사람입니까? 누굴 하나님께서 정죄하겠습니까? 나는 이 사건이 나같은 노예를 부리는 노예주와 사회에서 특권을 지닌 지식인들에게 귀한 경종을 울리는 교훈으로 삼아지길 기도합니다.

귀신들려 아파하던 이 여종을 치유한 바울의 사역은 이런 부정의한 현실을 고발하고, 약자와 어린이, 여성을 보호하는 하나님의 공의를 실천한 멋진 예로 이해해야겠지요? 그러나 바울 선생님이 하신 일을 전적으로 다 100% 찬성하기 어려운 부분이 있습니다. 그 일이 내 마음에 걸려 며칠 밤잠도 설치고 해서 이야기 나온 김에 이

자리를 빌려 속 시원하게 털어놓고자 합니다. 내가 존경하고 또 교회 지도자가 되는 바울 선생님을 욕 되게 하는 거 같아 참 마음이 거북하고 불편하다는 점 이해하시고 들어주시면 좋겠습니다.

제 마음이 불편한 이유는 왜 바울 선생님께서 이 여종을 치유하고 세례를 주지 않았을까 하는 점 때문입니다. 물론, 신들려 소리지르고 한 이 아이의 행위가 짜증 날만한 일이었다는 것도 압니다. 바울 선생님을 귀찮게 한 것도 알고요. 그래서 별로 좋지 않게 이 친구를 생각하신 것도 충분히 이해할 만한 일입니다. 어찌 보면 이 친구 때문에 당신이 억울하게 감옥까지 갔다고 말해도 과언은 아니지요. 물론, 악덕 노예주가 열이 받아 한 일이긴 하지만, 여종 때문에 불거진 사건이니까요. 그렇지만, 치유와 구원의 손길이 귀신을 내쫓는 걸로 끝난 것에 대해 저는 마음이 불편합니다. 왜냐하면, 이 친구의 앞일은 안 봐도 뻔하니까요. 또 다른 노예주에 팔려 착취당하고 망가지는 인생을 살 게 명백하니까요. 조금 더 심하게 말하면, 만약 이 아이 여종이 나같이 능력 있고 돈도 있고, 그야말로, 교회 성장을 위해 득이 되고 필요한 존재였다면 바울 선생님이 세례를 안 주고 무시하고 갔을까? 하는 의문이 들 정도로 나는 지금 이 상황으로 머릿속이 복잡할 뿐입니다. 기도도 안 되고 귀한 말씀을 들어도 은혜가 안 되니 마치 제가 귀신들린 것처럼 미칠 지경입니다. 내가 받은 세례, 그리스도인으로서의 정체성까지 의심이 생긴답니다. 가장 귀한 하나님의 선물, 아무 조건 없이 우리를 사랑해서 주시는 그 은혜의 선물인 세례조차, 누구는 받을 자격이 있고 누구는 없다면, 혹은 세례가 사회적·경제적 조건과 위치에 따라 받을 수 있고 없고의 문제라면, 이 문제야말로 성경 가르침에 어긋나는 일이 아닌가 하는 생각이 드는 거예요. 세례를 받으면서 저희가 고백한 게 뭡니까?

"여러분은 모두 그리스도 예수 안에서, 믿음으로 하나님의 자녀가 되었습니다. 누구든지 그리스도와 연합하여 세례를 받은 사람은, 그리스도 옷을 입을 사람입니다. 유대 사람이나 그리스 사람이나, 종이나 자유인이나, 남자나 여자나 차별이 없습니다. 그것은 여러분이 그리스도 예수 안에서 다 하나이기 때문입니다."갈3:26-28; 새번역

이런 고백을 중심으로 세례교육을 받으면서 문답서에 나와 있는 대로 외우고, 그 고백대로 살라고 그렇게 바울 선생님께서 저를 포함해서 우리 집안 식구들 세례를 주셨는데, 정작 정말로 필요한 이 친구에게는 세례를 베풀어주시지 않은 게 영 섭섭하고 화가 날 노릇입니다. 아직 나이도 어린데 이 친구가 변화된 새 삶을 살도록 바울 선생님께서 더 확실하게 인도하셨으면 얼마나 좋았을까 하는 아쉬움이 계속 발목을 붙들듯이 저를 어디도 못 가게하고 있습니다. 맞아요. 성령께서 또 나를 방문하신 게 틀림없습니다.

그래서 나는 다시 용기를 내기로 했습니다. 일단, 이 아이를 찾아냈습니다. 아니다 다를까, 갈 곳 없어 거리에서 구걸하고 있더라고요. 노예주 얼굴에 먹칠했으니 어느 누가 다시 이 친구를 돈 주고 사려 하겠어요? 그래서 내가 거두기로 했지요. 우리 공장에서 일하

게 했습니다. 그리고 바울과 실라가 감옥에서 풀려 우리 집에 오실 때까지 기다리기로 했습니다. 오시면, 이 노예 아이에게도 세례를 주라고 간청을 할 겁니다. 이제 우리 집안 식구가 되었으니, 바울 선생님도 어찌 거절을 하기 어려우실 거예요.

주께서 여신 내 마음을 감히 바울 선생님께서 닫지 못하실 것이고, 마음에서 나오는 제 간청을 귀담아 들으시리라 믿습니다.

나는 이 노예 아이를 통해, 우리 공장에서 일하는 친구들을 통해 예수님을 매일 만나요. 내게 있어 하나님이 우리와 함께 하신다는 고백은 그냥 말로만 하는 기도가 아니에요. 왜냐하면, 우리 삶 하나하나 곳곳에 함께 하시는 그 하나님을 나와 다른 이런 이웃을 통해 체험하게 하시기 때문입니다.

사 례

▶ 남양주시 외국인복지센터는 지난해 이주노동자의 임금체불에 대비하도록 '임금수첩'을 발간했다. 올해는 '이주노동자 다국어 인권수첩'을 제작했다. 타지에서 고통 받는 이주민노동자들의 실상을 알리기 위해서다. 이주노동자 인권수첩에는 국가인권위원회 이주민 인권가이드라인 번역본과 고용허가제 내에서 이주노동자의 인권과 권리침해의 실태, 이와 관련한 개선방안 등이 담겨있다.

◇**여성이주노동자 성희롱·성폭력 노출도 심각**

몽골 여성노동자 E씨는 일하던 사업장에서 수차례에 걸쳐 성폭행을 당하자 사업장을 나와 지원단체를 찾아갔다. 사업주와 공장장은 발뺌하며 오히려 E씨를 해고했다. E씨는 경찰 조사과정에서 오히려 마음의 상처만 받고 다시 취업을 해야 하는 상황에 놓이자, 결국 사태의 해결을 스스로 포기할 수밖에 없었다. 여성 이주노동자들은 사업장내에서 사용자, 직장 동료에게 성희롱과 성폭행을 당해도 피해사실을 입증하기 어렵다. 또 체류자격 박탈 위협, 장기간 조사, 수치심, 경제적 이유 등으로 상담을 받다가도 사업장변경으로 합의하고 신고를 포기하는 때가 많다.

◇**외국인 근로자 전용보험 있으나 마나**

네팔노동자 F씨는 두 번째 사업장에서 3년간 일하고 출국했다. 그가 출국 전 지원센터에 찾아가 상담을 해보니 퇴직금으로 약 500만원을 받을 수 있었다. 그러나 F씨가 출국만기보험으로 손에 쥔 돈은 250만원. 사업주에게 나머지 퇴직금을 요청했으나 받을 수 없었다. 이주노동자를 고용하는 사업주는 임금체불보증보험과 출국만기보험을 의무적으로 가입해야 한다. 하지만, 임금체불보증보험은 보장금액이 200만원에 불과해 임금체불 문제를 해결하기에는 부족하다는 지적이 잇따르고 있다. 또 출국만기보험은 통상임금의 8.3%만 납입하도록 하고 있으나 장기근속자의 법정퇴직금을 보장하기에는 턱없이 부족하다.

외국인복지센터 관계자는 "사업주는 이주노동자에게 입국전 일정한 정보를 제공하고 정부는 사업장의 기숙 환경에 대한 분쟁을 차단하기 위한 방안을 마련해야 한다"며 "문제가 많은 관련 제도를 재정비해 이주노동자의 고용안전을 지원해야 한다"고 강조했다. 이어 "이주노동자가 산업재해로 병원에서 진료를 받을 때 해당 언어로 된 산재신청과 보상에 대한 안내문을 제공할 필요가 있다"며 "사업주, 정부의 노력뿐만 아니라 인근 지원단체 등과 연계해 이주노동자가 불편 없이 문제를 해결할 수 있도록 지원해야 한다"고 덧붙였다.

(출처: 뉴시스 2012/12/9)

▶▶ 경기도 가평군 가평읍의 '아하(A-ha) 카페'는 직원 5명이 모두 결혼 이주여성이다. 중국인 장소방(31), 베트남인 응웬티스억

(28)과 부티투이드엉(31), 필리핀인 웬디(25)와 조셰린(37), 이들은 '바리스타 5인방'으로 불린다. 이들은 한국으로 시집와 내내 전업주부로 지냈다. 그러다가 지난해 6월 가평군 다문화가족지원센터의 도움을 받아 바리스타 교육을 받았고 자격증을 취득했다. 이들은 지난해 8월 가평군이 개점한 마을기업 아하카페에 취업했다. 한국어가 서툴렀던 이들은 개점 초기 손님이 주문한 메뉴와 다른 커피를 내놓기도 했다. 그러나 '초짜 바리스타'들이 만든 커피가 제법 맛이 있었고, 소문이 나면서 아하카페는 아늑한 동네 사랑방이 됐다. 이들이 고국에서 즐겨 먹는 전통 음식도 한몫했다. 메뉴판에는 필리핀 전통음료 칼라만시, 중국 해바라기씨에 소금과 향료를 넣고 볶은 과쯔, 찹쌀로 만들어 볶은 코코넛 가루를 올린 필리핀 전통 떡 팔리타우, 베트남식 푸딩 라오가우 등이 있어 다양한 국가의 음식을 소개하는 장이 되기도 한다. *(출처: 연합뉴스 2012/1/19)*

▶▶▶ 블라디보스토크 인근 스파스크달리 출신으로 7년 전 정모 씨와 결혼해 입국한 OO씨는 충주다문화가족지원센터에서 받은 사회적 기업 교육을 토대로 지난해 6월부터 충주시에서 이주여성 10명과 한국인 6명을 채용, 환자복과 의사복, 또 결혼이민자들의 특성을 살려 각국의 전통의상 등을 제작 판매해왔다. OO씨는 제품 생산뿐 아니라 '1년 내 3차례 재수선' 서비스 아이디어로 인기를 끌었다. 전화나 방문을 통한 거래처 관리에 이어 온라인 쇼핑몰을 만들어 충주 특산품을 전국에 판매할 계획도 세우는 OO씨는 "결혼 이

민자로서 한국사회에서 멋지게 자리 잡아 우리 아이들에게 자랑스러운 엄마가 되는 게 꿈이다."라고 말했다. 이렇게 한국에서 자신의 꿈을 펼치며 주변 이주여성들에게 일자리도 마련해 주는 사업가로서의 OO씨의 사례이다.

(출처: 한국가톨릭노인복지협의회 http://www.kcoo.or.kr)

▶▶▶▶ 전국 8,000여 개의 가맹점을 가진 생활편의점, CU는 가맹점을 계속해서 확보하고 편의점 업무에 대한 이론 및 실습 교육 등을 지원하고 있다.

CU의 일자리 창출 활동은 다문화가정에게도 긍정적 효과를 드러내고 있다. 전국 점포망은 수도권뿐 아니라 도서 산간 지역에 거주하는 결혼이주여성에게도 취업 기회를 제공하고 있다. 실제로 전국의 약 200개의 점포에서 외국인이 근무하고 있고 그 중 20% 이상이 결혼이주여성인 것으로 드러났다. CU 백정기 사장은 "CU가 지닌 전국 최대 네트워크의 강점을 사회공헌활동에 접목시킴으로써 지역사회와 연계한 상생과 공존의 문화를 발전시켜 왔다."라며 "앞으로도 가맹점주, 고객과 함께 시너지를 극대화할 수 있는 CU만의 차별화된 사회공헌 프로그램을 계속해서 펼쳐나갈 것"이라고 말했다.

(출처: 중앙일보 2012/10/9)

| 나 눔 |

함께 생각해 봅시다

1. 루디아 같은 이주여성 사업가가 많이 배출되면 고국에 긍정적인 영향을 줄 수 있으리라 생각한다. 이처럼 꿈을 갖고 온 이들에 대해 가져야 할 우리의 태도는 어떠해야 할까요?

2. 다문화 자녀들이 글로벌 인재로 잘 자라나게 하는 데 필요한 것은 무엇이며 어디에 많은 투자를 해야 할까요?